SPICILEGIUM FRIBURGENSE

TEXTE ZUR GESCHICHTE DES KIRCHLICHEN LEBENS

HERAUSGEGEBEN VON

G. G. MEERSSEMAN
Prof. der Kirchengeschichte

ANT. HÄNGGI
Prof. der Liturgiewissenschaft

Vol. 9

1962

UNIVERSITÄTSVERLAG FREIBURG SCHWEIZ

ALBERT RIPBERGER

DER PSEUDO-HIERONYMUS-BRIEF IX «COGITIS ME»

EIN ERSTER MARIANISCHER TRAKTAT DES MITTELALTERS VON PASCHASIUS RADBERT

1962

UNIVERSITÄTSVERLAG FREIBURG SCHWEIZ

Paulusdruckerei Freiburg Schweiz

VORWORT

Die ersten Anregungen zur vorliegenden Arbeit verdanke ich dem Sonderkursus von Herrn Prof. Meersseman über die marianischen Titel im Mittelalter. Immer wieder tauchte Paschasius Radbert dort auf, und zwar als eine Schlüsselfigur in der Vermittlung und Ausfaltung des Vätergutes zum hohen Mittelalter hin. Im Gedankengut Radberts nimmt wiederum der vorliegende Ps.-Hieronymusbrief eine sehr bedeutsame Stelle ein. So kam es, daß ich bei der geplanten Gesamtausgabe des marianischen Schriftgutes von Radbert bei diesem Werk stehen blieb, denn die traditionswahrende Liturgie sicherte seine Bedeutung und Verbreitung auf sehr weite Sicht. Wenige marianische Traktate fanden eine ähnliche Verbreitung und eine so gewichtige Autorität.

Um überhaupt die dunklen Stellen des frühen Mittelalters etwas aufzuhellen, bedarf es zunächst guter Texte. Die Textausgabe der PL, bzw. Vallarsis, weist viele Nachlässigkeiten auf. Somit stand von Anfang an ein doppeltes Bemühen : sehr alte und gute Textzeugen zu finden und diesen Text in seine damalige Umwelt zu stellen. Ist diese philologische Kleinarbeit auch mühsam und sind die Ergebnisse scheinbar spärlich, so lohnen sie sich doch reichlich, wenn man erkannt hat, daß nur auf diesem Wege eine den Tatsachen entsprechende, zuverlässige Kenntnis geschaffen wird. Viele Fragen wurden berührt oder etwas genauer gestellt, ohne daß eine Antwort gegeben werden konnte.

Für die erste Anregung und stete Beratung bin ich meinem verehrten Lehrer, Prof. Meersseman OP, zu tiefem Dank verpflichtet. Außer diesem Verdienst gebührt ihm ein eigener Dank für die zahllosen Mühen, die er auf sich nehmen mußte, um meinen Mangel an Zeit vor der Abreise und die nunmehrige Entfernung auszugleichen. In allen Anliegen paläographischer und philologischer Natur fand ich bei Herrn Prof. B. Bischoff, München, ein abgewogenes und sehr sachkundiges Urteil. Darüber hinaus brachte Prof. Bischoff mir Wohlwollen und stete Hilfsbereitschaft entgegen, für die ich ihm an dieser

Stelle aufrichtigen Dank schulde. Außerdem möchte ich nicht versäumen, Herrn Prof. Hänggi für viele kleine und große Dienste zu danken. Eine große Hilfe und aufmunterndes Interesse fand ich bei P. Barré, Rektor des Séminaire Français in Rom, für meine Arbeit. Er beantwortete meine Fragen und schenkte großzügig sein anerkanntes Wissen weiter.

Auch den beiden Herausgebern des Spicilegium Friburgense, den Herren Prof. Meersseman und Hänggi, sei ganz herzlich gedankt, daß sie die Arbeit in ihre Reihe aufnahmen und keine Mühe scheuten, um Druck und Finanzierung der Veröffentlichung zu gewährleisten.

Nicht vergessen seien ferner alle wohlwollenden Helfer, die mir stets bereitwillig entgegenkamen, und ohne deren selbstlose Mitarbeit das Ganze unmöglich gewesen wäre.

Zum Schlusse bleibt mir noch, diese Arbeit als bescheidenen Ausdruck dankbarer Verbundenheit Herrn P. Josef Kentenich, dem Gründer der Schönstattfamilie, zu widmen ; seinem Leben und seiner Lehre verdanke ich den lebensmäßigen Zugang zur marianischen Welt.

Kapstadt/Südafrika, 18. Februar 1962.

Albert Ripberger.

INHALTSVERZEICHNIS

LITERATURVERZEICHNIS

AGIUS T. A., On Pseudo-Jerome, Epistle IX: JTS 24 (1922-23) 176-183.

ALBERS BR., Consuetudines Monasticae. 5 Bde. Stuttgart-Wien-Montecassino 1910-12.

ALTANER B., Patrologie. Freiburg i. Br. [6]1960.

ANDRIEU M., Les Ordines Romani du Haut Moyen-Age. 5 Bde. Louvain 1931-61.

ANSPACH A. E., Das Fortleben Isidors im 7. bis 9. Jahrhundert: Miscellanea Isidoriana. Rom 1936, 323-356.

Archiv für lateinische Lexikographie und Grammatik mit Einschluß des älteren Mittelalters als Ergänzung zu dem Thesaurus Linguae Latinae. Hg. von Eduard von Wölfflin. Band XIII (1904).

Antiphonarium Mozarabicum (de la Catedral de León), ed. per los PP. Benedictinos de Silos. León 1928.

AUER JOH., Salve Maria, Regina Mundi: Geist und Leben, 27 (1954) 328-345.

BARRÉ H., La croyance à l'Assomption corporelle en Occident de 750 à 1150 environ: EM 7 (1949) 63-123.

— — Le sermon « Exhortatur » est-il de saint Ildefonse ?: RB 67 (1957) 10-33.

— — La lettre du Pseudo-Jérôme est-elle antérieure à Paschase Radbert ?: RB 68 (1958) 203-225.

— — L'homiliaire carolingien de Mondsee: RB 71 (1961) 71-107.

BAUMSTARK A., Die Hodie-Antiphonen des römischen Breviers und der Kreis ihrer griechischen Parallelen: Die Kirchenmusik 10 (1909-10) 153-160

— — Orientalisches in altspanischer Liturgie: OC 32 (1935) 1-37.

— — Byzantinisches in den Weihnachtstexten des römischen Antiphonarius Officii: OC 33 (1936) 163-187.

— — Liturgie comparée. Principes et Methodes pour l'étude historique des liturgies chrétiennes. Chèvetogne-Paris [3]1953.

BECK EDMUND, Die Mariologie der echten Schriften Ephräms: OC 40 (1956) 22-39.

BERNARDS M., Speculum Virginum. Geistigkeit und Seelenleben der Frau im Hochmittelalter. Köln-Graz 1955.

BEUMER J., Die marianische Deutung des Hohen Liedes in der Frühscholastik: ZkTh 76 (1954) 411-439.

BISCHOFF B., Neue Materialien zum Bestand und zur Geschichte der altlateinischen Bibelübersetzung: Misc. Mercati I (Rom 1946) 407-436.

— — Das griechische Element in der abendländischen Bildung: BZ 44 (1951) 27-55.

BISCHOFF B., Wendepunkte in der Geschichte der lateinischen Exegese im Frühmittelalter: SE 6 (1954) 189-281.

— — Theodulf und der Ire Cadac-Andreas: HJB 74 (1955) 92-98.

— — Die südostdeutschen Schreibschulen und Bibliotheken der Karolingerzeit. Teil I: Die bayerischen Diözesen. Wiesbaden [2]1960.

— — Hadoardus and The Manuscripts of Classical Authors from Corbie: Didascaliae. Studies in Honour of Anselm M. Albareda OSB ed. by Sesto Prete. New York 1961.

BISHOP E., « Spanish Symptoms »: JTS 8 (1907) 278-294.

BROU L., Les chants en langue grecque dans les liturgies latines: SE 1 (1948) 165-180; 4 (1952) 226-238.

— — Marie « Destructrice de toutes les hérésies » et la belle legende du répons *Gaude Maria:* EL 62 (1948) 321-353.

— — Les plus anciennes prières liturgiques adressées à la Vierge en Occident: Hispania Sacra 3 (1950) 371-381.

— — L'antienne *Dignum namque est:* SE 4 (1952) 217-225.

— — L'ancien répons *Videte miraculum:* Colligite Fragmenta. Beuron 1952, 173-184.

BOURQUE E., Etude sur les Sacramentaires Romains. Rom 1958.

CAPELLE B., La messe gallicane de l'assomption, son rayonnement, ses sources: Miscellanea Lit. in hon. L. C. Cuniberti Mohlberg II (Rom 1949) 33-39.

— — Le témoignage de la Liturgie: EM VII (1949) 35-62.

— — La liturgie mariale en Occident: Maria I (1949) 217-245.

— — L'oraison *Veneranda* à la messe de l'Assomption: ETHL 26 (1950) 354-64.

— — La tradition orientale de l'Assomption d'après un ouvrage rècent: RB 68 (1958) 173-186.

CHARLIER C., Alcuin, Florus et l'Apocryphe hiéronymien *Cogitis me* sur l'assomption: Studia patristica I (Berlin 1957) 70-81.

CHAVASSE A., Les plus anciens types du lectionnaire et de l'antiphonaire romains de la messe: RB 62 (1952) 3-94.

CHEVALIER U., Repertoire des sources historiques du Moyen-Age. Bio-Bibliographie II. Paris 1907.

Codicum Casinensium Manuscriptorum Catalogus. Cura et studio Monachorum S. Benedicti Archicoenobii Montis Casini I. Montecassino 1915-23.

COURCELLE P., Les lettres grecques en Occident. De Macrobe à Cassiodore. Paris 1943.

COXE H. O., Catalogi Codicum Manuscriptorum Bibliothecae Bodleianae Pars III codices graecos et latinos Canonicianos complectens. Oxford 1894.

DEKKERS E., Clavis Patrum Latinorum (SE III). Steenbrugge [1]1951, [2]1961.

DELAPORTE Y., L'Assomption dans la liturgie Chartraine: EL 65 (1951) 1-23.

DELISLE L., Recherches sur l'ancienne Bibliothèque de Corbie. Paris 1860.

— — Inventaire des Manuscrits de la B. N.: N.-Dame et d'ivers petits fonds (NN. 16719-18613). Paris 1871.

— — Le cabinet des Manuscrits de la B. N., t. II. Paris 1874.

— — Inventaire des Manuscrits de la B. N.: Fonds de Cluny. Paris 1884.

DOBIAS-ROZDESTVENSKAIA O., Histoire de l'atelier graphique de Corbie de 651 à 830 reflétée dans les Corbeienses Leninopolitani. Leningrad 1934.

DREWNIAK FR., Die mariologische Deutung von Gen. 3,15 in der Väterzeit. Breslau 1934.

DÜMMLER E., Über Christian von Stavelot und seine Auslegung zum Matthäus : SB der Kgl. Preuß. Akad. der Wiss. zu Berlin. Berlin 1890, 935-952.

ELLARD G., Master Alcuin, Liturgist. A partner of our piety. Chicago 1956.

EWIG E., Die Kathedralpatrozinien im römischen und fränkischen Gallien : HJB 79 (1960) 1-61.

FRANK H., Patristisch-homiletische Quellen von Weihnachtstexten des römischen Stundengebetes : SE 4 (1952) 193-216.

FRÉNAUD G., Le culte liturgique de Notre-Dame : Revue Grégorienne 31 (1952) 104-111.

FRERE W. H., Studies in early Roman Liturgy. London 1920.

FUNK FR.-X., Opera Patrum Apostolicorum. Tübingen 1883.

FUNK FR.-X. - DIEKAMP FR., Patres Apostolici. Tübingen 1913.

GARDTHAUSEN V., Die griechische Schrift des Mittelalters im Westen Europas : Byzantinische Jahrbücher 8 (1929-30) 114-135.

GEISELMANN R., Die betende Kirche und das Dogma von der leiblichen Aufnahme Mariens in den Himmel : Geist und Leben 24 (1951) 336-380.

GEORGES K. E., Ausführliches lateinisch-deutsches Handwörterbuch. Tübingen [9]1951.

GHELLINCK J. DE, Le mouvement théologique du XIIe siècle. Paris 1914.

— — Littérature latine au moyen âge. 3 Bde. Paris 1939.

— — Patristique et moyen âge. Paris 1947.

GORDILLO M., La Asunción de Maria en la Iglesia Española siglos VII-IX, Madrid 1922.

GORMAN J., William of Newburgh's Explanatio sacri epithalamii in matrem sponsi (Spicilegium Friburgense 6). Freiburg/Schweiz 1960.

GOUGAUD L., L'œuvre des Scotti dans l'Europe continentale : RHE 9 (1908) 27-37.

Le Graduel Romain. Edition critique par les Moines de Solesmes. II. Les Sources. Solesmes (1957).

GRILLMEIER A. - BACHT H., Das Konzil von Chalkedon. Geschichte und Gegenwart. II. Entscheidung um Chalkedon. Würzburg 1953.

GRÜTZMACHER G., Hieronymus. Eine biographische Studie zur alten Kirchengeschichte. 3 Bde. Leipzig 1901-1908.

HAGEN H., Catalogus codicum Bernensium. Bern 1875.

HÄRING N., Charakter, Signum und Signaculum : Schol 30 (1955) 481-512.

HARMUTH K., Die verschlossene Pforte : Eine Untersuchung zu Ez. 44, 1-3, Breslau 1933.

HAUCK A., Kirchengeschichte Deutschlands. Berlin [2]1958.

HECHT F., Das Homiliar des Bischofs von Prag, saec. XII (Beiträge zur Geschichte Böhmens I, 1). Prag 1863.

HENECKE E. - SCHNEEMELCHER W., Neutestamentliche Apokryphen in deutscher Übersetzung, Tübingen ³1959.

HESBERT R. J., Antiphonale Missarum sextuplex. Bruxelles-Paris 1935.

HIMLY A., Wala et Louis le Débonnaire. Paris 1849.

HOLDER K., Die Reichenauer Handschriften. I. Die Pergamenthandschriften. Leipzig 1906.

HUHN J., Das Geheimnis der Jungfrau-Mutter Maria nach dem Kirchenvater Ambrosius. Würzburg 1954.

JAMES M. RH., A Descriptive Catalogue of the Manuscripts in the Library of Peterhouse. Cambridge 1899.

— — A Descriptive Catalogue of the Mc Clean Collection of Manuscripts in the Fitzwilliam Museum. Cambridge 1912.

Inventario General de Manuscritos de la Biblioteca Nacional I (1-500). Madrid 1953.

JÖRGENSEN E., Catalogus Codicum Latinorum medii aevi Bibliothecae Regiae Hafniensis. Kopenhagen 1926.

JUGIE M., La Mort et l'Assomption de la Sainte-Vierge. Etude historico-doctrinale (Studi e Testi 114). Città del Vaticano 1944.

JUNGMANN J. A., Die Abwehr des germanischen Arianismus und der Umbruch der religiösen Kultur im frühen Mittelalter : Liturgisches Erbe und pastorale Gegenwart. Innsbruck 1960, 3-86.

KAHLES W., Radbert und Bernhard. Emsdetten 1938.

KLAUSER TH., Liturgiesprache in der römischen Kirche : Misc. Mercati I 467-482.

— — Die liturgischen Austauschbeziehungen zwischen der römischen und der fränkisch-deutschen Kirche vom 8.-11. Jahrhundert : HJB 53 (1933) 169-189.

LAISTNER M. L. W., Thought and Letters in Western Europe A. D. 500-900. London ²1957.

LAMBOT C., L'homélie du Pseudo-Jérôme sur l'assomption et l'évangile de la nativité de Marie d'après une lettre inédite d'Hincmar : RB 46 (1934) 265-282.

LAURENTIN R., Court traité de théologie mariale. Paris ¹1953, ²1959.

LAUSBERG H., Zur literarischen Gestaltung des Transitus B. M. : HJB 72 (1953) 25-49.

LECLERCQ J., Tables pour l'inventaire des Homiliaires manuscrits : Scriptorium 2 (1948) 197-205.

— — L'amour des Lettres et le Désir de Dieu. Initiation aux auteurs monastiques du Moyen-Age. Paris 1957.

LEITSCHUH F., Katalog der Handschriften der Kgl. Bibliothek zu Bamberg I. Bamberg 1895-1907.

LEHNER F. A. von, Die Marienverehrung in den ersten Jahrhunderten. Stuttgart ²1886.

LÖW J., Ein stadtrömisches Lektionar des 8. Jahrhunderts : RQ 37 (1929) 15-39.

LOWE E. A., Die ältesten Kalendarien aus Monte Cassino. München 1908.

— — The Beneventan Scriptorium. A History of South Italian Minuscule. Oxford 1914.

LOWE E. A., Codices Latini Antiquiores. Oxford 1934 ff.

LUBAC H. de, Betrachtung über die Kirche. Graz 1954.

— — Exégèse médiévale. Les quatre sens de l'Ecriture. 2 vol. Lyon 1959.

MANOIR H. du, Maria. Etudes sur la Sainte-Vierge. 6 Bde. Paris 1949 ff.

MANZ G., Ausdrucksformen der lateinischen Liturgiesprache bis ins 11. Jahrhundert. Beuron 1941.

MANITIUS M., Geschichte der lateinischen Literatur des Mittelalters. 1. Teil: Von Justinian bis zur Mitte des 10. Jahrhunderts. München 1911.

MARROU H. J., Geschichte der Erziehung im klassischen Altertum. Freiburg 1957.

MARTIN-JACOB, Histoire de Soissons I. Soissons 1837.

MEERSSEMAN G.-G., « Virgo doctoribus praetitulata ». Die marianischen Litaneien als dogmengeschichtliche Quellen: FZPhTh 1 (1954) 129-178.

— — Der Hymnos Akathistos im Abendland. 2 Bde. (Spicilegium Friburgense 2-3). Freiburg/Schweiz 1958-60.

MEIER G., Catalogus Codicum Manuscriptorum Bibliothecae Einsiedlensis. Leipzig 1899.

MERCENNIER F., L'antienne mariale grecque la plus ancienne: Le Muséon 52 (1939) 229-233.

MEYER H. B., Alkuin zwischen Antike und Mittelalter. Ein Kapitel frühmittelalterlicher Frömmigkeitsgeschichte: ZkTh 81 (1959) 306-350; 405-460.

MOHLBERG L. C., Katalog der Handschriften der Zentralbibliothek Zürich I. Mittelalterliche Handschriften. Zürich 1932-52.

— — Missale Francorum. Rom 1957.

— — Missale Gallicanum vetus. Rom 1958.

MORIN G., Notes liturgiques sur l'Assomption: RB 5 (1888) 342-351.

— — Les leçons apocryphes du Bréviaire Romain: RB 8 (1891) 270-280.

— — Les sources non identifiés de l'Homiliaire de Paul Diacre: RB 15 (1898) 400-403.

— — Fragments inédits et jusqu'à présent uniques d'antiphonaire Gallican: RB 22 (1905) 329-356.

MÜLLER A., Ecclesia - Maria. Freiburg/Schweiz [2]1955.

OHLY FR., Hohelied-Studien. Grundzüge einer Geschichte der Hoheliedauslegung des Abendlandes bis um 1200. Wiesbaden 1958.

OLIVAR A., Deux Sermons restitués à S. Pierre Chrysologue: RB 59 (1949) 114-136.

— — San Pedro Crisologo y la solemnidad *In medio Pentecostes*: EL 63 (1949) 389-399.

— — Sobre un sermon de Epifania y un fragmento de sermon de Navidad atribuidos erroneamente a San Pedro Crisologo: EL 67 (1953) 129-137.

— — Der hl. Petrus Chrysologus als Verfasser der Pseudo-Augustinianischen Predigten Mai 30,31 und 99 (2-3): Colligite Fragmenta. Festschrift A. Dold. Beuron 1952 (Beihefte der Texte und Arbeiten 2) 113-123.

— — Clavis S. Petri Chrysologi: SE 6 (1954) 327-341.

OTERO A. de SANTOS, Los Evangelios Apocrifos. Madrid 1956.

Ott L., Untersuchungen zur theologischen Briefliteratur der Frühscholastik. Münster 1937.

Peltier H., Pascase Radbert. Abbé de Corbie. Amiens 1938.

Pintard J., Mater viventium, l'écriture et tradition : EM XV (1957) 61-86.

Pley J., De lanae in antiquorum ritibus usu (Religionsgeschichtliche Versuche und Vorarbeiten XI 2). Gießen 1911.

Quadrio G., Il trattato De assumptione BMV dello Ps.-Agostino e il suo influsso nella Teologia Assunzionistica Latina. Romae 1951.

Rahner K., Mariologie. Innsbruck 1959 (hektographiert).

Ranke-Heinemann U., Zum Ideal der vita angelica im frühen Mönchtum : Geist und Leben 29 (1956) 347-357.

Reinisch M., Ein neuer Transitus Mariae des Pseudo-Melito. (phil. Diss.) München 1955 (Maschinenschrift).

Rose V., Die Handschriftverzeichnisse der Kgl. Bibliothek zu Berlin XII. Verzeichnis der lateinischen Handschriften I. Berlin 1893.

Ryan J., Irish Monasticism. Origins and early Development. London 1931.

Scheffczyk L., Das Mariengeheimnis in Frömmigkeit und Lehre der Karolingerzeit. Leipzig 1959.

Scheffer-Boichorst P., Zur Geschichte der Syrer im Abendlande: MIÖG VI 521-550.

Scherrer G., Verzeichnis der Handschriften der Stiftsbibliothek von St. Gallen. Halle 1875.

Schönbach A. E., Über einige Evangelienkommentare des Mittelalters : SB d. Kaiserl. Akad. d. Wiss. in Wien phil.-hist. Kl. 146, 6. Wien 1903.

Siegmund A., Die Überlieferung der griechischen christlichen Literatur in der lateinischen Kirche bis zum 12. Jahrhundert. München 1949.

Spicq C., Esquisse d'une histoire de l'éxegèse latine au Moyen Age. Paris 1944.

Stegmüller F., Repertorium Biblicum medii aevi. I. Initia Biblica apocrypha prologi. Madrid 1940.

Steinacker H., Die römische Kirche und die griechischen Sprachkenntnisse des Frühmittelalters : MIÖG 62 (1954) 28-66.

Ternus J., Zur historisch-theologischen Tradition der Himmelfahrt Mariens : Schol. 25 (1950) 321-360.

Thesaurus Linguae Latinae. Leipzig 1900 ff.

Tischendorf-Lipsius-Bonnet M., Acta Apostolorum Apocrypha. Hildesheim 1959.

Viller M. - Rahner K., Aszese und Mystik in der Väterzeit. Ein Abriß. Freiburg i. Br. 1939.

Vives J., Oracional visigotico. Monumenta Hispaniae Sacra. Series liturgica. Vol. I. Barcelona 1946.

Wattenbach W.-Levison W., Deutschlands Geschichtsquellen im Mittelalter. Vorzeit und Karolinger. Weimar 1957.

Weisweiler H., Abaelard und die leibliche Aufnahme Mariens in den Himmel : Schol. 25 (1950) 235-247.

— — Das frühe Marienbild der Westkirche unter dem Einfluß des Dogmas von Chalcedon : Schol. 28 (1953) 321-360, 504-525.

WEISWEILER H., Paschasius Radbertus als Vermittler des Gedankengutes der karolingischen Renaissance in den Mt-Kommentaren des Kreises um Anselm von Laon : Schol. 35 (1960) 362-402.

WELLESZ E., Eastern Elements in Western chant. Studies in the early history of the Ecclesiastical Music. Oxford 1947.

WENGER A., L'assomption de la T. S. Vierge dans la Tradition byzantine du VIe au Xe siècle. Paris 1955.

WIEGAND F., Das Homiliarium Karls des Großen auf seine ursprüngliche Gestalt hin untersucht. Leipzig 1897.

WILMART A., Analecta Reginensia. Rom 1933.

— — Codices Reginenses Latini II (Codd. 251-500). Città del Vaticano 1945.

ZELLER H., Corpora sanctorum. Eine Studie zu Mt. 27, 52-53 : ZkTh 71 (1949) 385-465.

ZIEGEŁBAUER M., Historia rei literariae ordinis S. Benedicti. Pars III. Wien-Würzburg 1754.

ABKÜRZUNGEN

ASS	Acta Sanctorum. Paris 1643 ff.
BZ	Byzantinische Zeitschrift. Leipzig 1892 ff.
CCL	Corpus Christianorum Latinorum. Turnhout-Paris 1953 ff.
CSEL	Corpus scriptorum christianorum latinorum. Wien 1866 ff.
DACL	Dictionnaire d'archéologie chrétienne et de liturgie. Paris 1924 ff.
EL	Ephemerides Liturgicae, Roma 1887 ff.
EM	Etudes Mariales, Bulletin de la Société Française d'Etudes Mariales. Paris 1935 ff.
FZPhTh	Freiburger Zeitschrift für Theologie und Philosophie. Freiburg/Schw. 1954 ff.
HJB	Historisches Jahrbuch der Görres-Gesellschaft. Köln 1880 ff.
JTS	The Journal of theological Studies. London 1899 ff.
LM	Lexikon der Marienkunde. Regensburg 1957 ff.
LP	Liber Pontificalis, éd. L. Duchesne, Paris 1886 ff.
LThK	Lexikon für Theologie und Kirche, Freiburg i. Br. ^{1}1930-38, ^{2}1957 ff.
Maria	vgl. Manoir.
MB	Maxima Bibliotheca veterum Patrum et antiquorum scriptorum ecclesiasticorum. Lyon 1677 ff.
MGG	Die Musik in Geschichte und Gegenwart, hrsg. F. Blume, Kassel 1949 ff.
MGH	Monumenta Germaniae Historica. Berlin 1826 ff.
MIÖG	Mitteilungen des Instituts für österreichische Geschichtsforschung. Graz 1880 ff.
OC	Oriens Christianus. Leipzig-Wiesbaden 1901 ff.
PG	Patrologia Graeca, hrsg. Migne. Paris 1857-66.
PL	Patriologia Latina, hrsg. Migne (Garnier). Paris 1879-90.
PO	Patrologia orientalis, hrsg. Graffin-Nau. Paris 1903 ff.
RB	Revue bénédictine. Maredsous 1884 ff.
RQ	Römische Quartalschrift für christliche Altertumskunde und für Kirchengeschichte. Freiburg i. Br. 1887 ff.
Schol.	Scholastik. Freiburg i. Br. 1926 ff.
SE	Sacris Erudiri. Jaarboek voor Godsdienstwetenschapen, Brügge 1948 ff.
SM	Studien und Mitteilungen aus dem Benediktiner- und Zisterzienserorden. München 1880 ff.
TLL	Thesaurus linguae latinae. Leipzig 1900 ff.
ZKTh	Zeitschrift für Katholische Theologie. Innsbruck-Wien 1877 ff.

I. TEIL

EINFÜHRUNG

1. Leben und Schriften Radberts

Das Geburtsjahr und der Geburtsort Radberts [1] sind uns nicht mehr direkt zugänglich, sondern müssen aus seinen Schriften und seinem Wirken rückerschlossen werden. Danach wurde Radbert um das Jahr 790 in Soissons oder dessen Umgebung geboren [2]. Man vermutet, daß Radbert schon als Säugling, und zwar als Findelkind [3], im Marienkloster zu Soissons Aufnahme fand. Jedenfalls erhielt er dort eine äußerst gute Erziehung (*a puero vester alumnus*) [4], für die er den Nonnen, besonders ihren drei Vorsteherinnen Gisela [5] († 810), Halbschwester Karls des Großen, Theodrada (810-846), Cousine des Kaisers, und Imma (846-?) [6], Theodradas Tochter, immer dankbar blieb. Man nimmt an, daß der junge Radbert die eigentliche Schulbildung zu Füßen des Seelsorgspriesters im Petersmünster zu Soissons selbst empfing [7].

Radberts Eignung und Liebe zum Studium mögen seine hohen Gönnerinnen bewogen haben, ihm vor 812 den Eintritt in das Kloster Corbie zu ermöglichen. Dort hatte er als Vorsteher die Brüder Theodradas, Abt Adalhard (775-826) und Abt Wala (826-836), Vettern Karls des Großen. Das Denkmal seiner schriftlichen Dankbarkeits-

---

[1] Die Hauptliteratur über Radbert : bis 1907 bei CHEVALIER 3501 und, kurz gefaßt, bis 1954 bei WATTENBACH-LEVISON 340 ff.

[2] PELTIER 13. – Vor allem der Kommentar zu Ps. 44 (PL 120, 1047, 1058) verrät eine gute Ortskenntnis. Die Überarbeitung der Viten der Ortsheiligen von Soissons scheint indes kein sicheres Argument für seine Herkunft zu sein (PL 120, 1489 B - 1508 C : Passio ss. Martyrum Rufini et Valerii). Vgl. WATTENBACH-LEVISON 341, Anm. 161.

[3] Zusammenfassung der Quellen durch Traube in MGH Poetae III 38-45.

[4] Widmung von *De partu virginis* (PL 120, 1367 B).

[5] Gisela war zugleich Äbtissin von Chelles (HAUCK II 144, Anm. 3). ALKUIN widmete ihr seinen Johanneskommentar (PL 100, 758 D). Außer ihm huldigten ihr die Päpste Paul I. und Adrian I., sowie Theodulf von Orléans.

[6] Sie wurde 846 vom Konvent frei gewählt (MARTIN-JACOB I 345). Das Personal zählte damals 216 Nonnen, 40 Windenschwestern und Mägde im Konvent ; 30 Mägde in der Paramentik und 130 Männer in und um den Konvent, sowie 25 Priester, Diakone und Kleriker.

[7] MARTIN-JACOB I 297.

bezeugungen diesem Hofkreis gegenüber beweist zur Genüge, wie sehr er die Aufnahme in Soissons und Corbie schätzte. Von seinen Widmungen an die geliebten Nonnen von Soissons wird im folgenden noch die Rede sein. Den beiden Äbten, denen Radbert in guten und harten Stunden treu anhing, setzte er ein bleibendes Mal in seiner *Vita Adalhardi* [1] kurz nach dessen Tod († 826), bzw. im *Epitaphium Arsenii* für Wala [2] († 836), das zehn Jahre später verfaßt wurde und sich durch eine stark subjektive Note von allen Biographien seiner Zeit unterscheidet [3].

Aus der Verbundenheit mit den Äbten des Klosters Corbie läßt sich leicht auf die besondere Stellung Radberts schließen. Wahrscheinlich hatte er nach seinem Studienabschluß einen Lehrposten inne [4]. Bei besonderen Missionen, zum Beispiel nach der Tochtergründung Korvey (822) oder auch in der Verbannung im Kloster St. Philibert auf der Insel Noirmoutier (814-821) [5] finden wir ihn in der Umgebung seiner Obern. In schwierigen Fragen aller Art zog man ihn zu Rate. Über die Bedeutung Radberts für die eigene Abtei ging die Zeit hinweg. Sicher wurde er selber mit seinen geistlichen Vätern zur Zeit Ludwigs des Frommen 814-840 in die Auseinandersetzung mit dem Hof hineingezogen. Ein kleines, aber beachtliches Zeichen für das Scheitern seiner Mission innerhalb der eigenen Reihen ist wohl sein Zurücktreten als Abt, nachdem er diesen Posten nur kurze Zeit inne gehabt hatte (843/44-849).

---

[1] PL 120, 1507 D - 1556 C mit Ergänzung im MGH Poetae III 38-53; Literatur bei Wattenbach-Levison 341, Anm. 162.

[2] PL 120, 1559 D - 1650 B, kritisch ed. von Dümmler 18-98. Vgl. Wattenbach-Levison 342, Anm. 166.

[3] Dümmler 4: « Sein Werk (hat) ein so subjektives Gepräge, wie es nur sehr wenigen Schriften des früheren Mittelalters eigen ist … Er stellt sich um so mehr in den Vordergrund, als er ungewöhnlicher Weise die dialogische Form für seine Darstellung wählte. » Zum Stil Radberts: Dümmler 8 f.: « Seine Rede ist oft dunkel, schwerfällig und hart, bisweilen incorrect; er ist ungemein breit, die letzte Feile scheint zu fehlen, doch erhebt er sich, wo die Leidenschaft ihn fortreißt, zu einem gewissen rednerischen Schwunge. » – Andere Gedichte Radberts: Egloga duarum sanctimonialium (MGH Poetae III 45), zwei Akrostichen (ibid 51 f.) und die Dedikationsverse (ibid.. 330, Nr. 91).

[4] Manitius I 408: « Trotzdem Radberts Auslegung in nicht geringem Maße sich an die Tätigkeit der Schule anlehnt und aus der Praxis des Lehrens erwachsen ist … »

[5] Fontes ad historiam Regni Francorum aevi Carolini illustrantes. Pars I. Annales. Darmstadt 1961, S. 126, Anm. 2.

Nach dieser Zeit schrieb er an seinem Matthäus-Kommentar [1] weiter, der sein ganzes Leben durchzieht und nach Schönbachs Arbeit eine gute Datierungsmöglichkeit abgibt. Die Enttäuschung an der Politik und der Leitung seines eigenen Klosters ist schwer überhörbar im Prolog [2] zu den Büchern des letzten Teiles. Den Mönchen von Centulum (Saint-Riquier) wendet sich seine Liebe und Hoffnung mit der Widmung zu. Erst auf diesem bewegten Hintergrund wird die Bedeutung seiner geistigen Leistung, die nunmehr allein sein Andenken in der Nachwelt hochhält, einigermaßen klar. Seine literarische Arbeit wurde sicher durch ihm weniger liegende praktische Verpflichtungen beeinträchtigt. Da seine Zeitgenossen nur eine vage bio-bibliographische Notiz über ihn nachgelassen haben [3], müssen Teile seines Schrifttums aus inneren Gründen ihm neu zugewiesen werden. Die Arbeiten über Radberts Werk gingen zumeist von der gesicherten Tradition aus, sie hoben jene Einzelprobleme heraus, die im Laufe der Geschichte eine wichtige Rolle gespielt hatten. Der Zufall der äußeren Vermittlung in Handschriften, die tatsächlich unter seinem Namen weitergingen, tat ein übriges, um sein literarisches Gesamtwerk zu zerstreuen. Nebst dem schon erwähnten Matthäuskommentar wurde seine Eucharistielehre [4] zu einem Kronzeugen des Mittelalters, ja, sie wurde auch noch bis in unsere Zeit besonders gewürdigt [5]. Darüber hinaus nahm Radbert auch Stellung zu den Fragen der theologischen Tugenden [6] und behandelte die Klagelieder des Jeremias in einem längeren Traktat [7], einem beredten Zeugnis seines zerbrochenen Lebens. Dabei war Radbert durchaus nicht eingeengt auf einen dürftigen Wortschatz oder trockenen Stil, er kennt vielmehr eine Stilverschiedenheit Frauen und Männern gegenüber. So grenzt etwa die Sprache seines Kommentars zu Psalm 44 [8] geradezu an das Blumenreiche [9].

---

[1] PL 120, 31-994.

[2] PL 120, 331 D ff., besonders 333 C : « et offerrem vobis licet exiguum pro munere non ignavi ponderis talentum ».

[3] Bischof Engelmodus' Gedicht (862-864) MGH Poetae III 62-66.

[4] De corpore et sanguine domini (PL 120, 1263 D - 1350 D) mit der späteren Epistola ad Frudegardum (PL 120, 1351 A - 1366 A).

[5] Man vergleiche die Arbeiten von J. Ernst, F. Sardemann und J. R. Geiselmann.

[6] De fide, spe et caritate (PL 120, 1387-1490 A).

[7] In Threnos sive Lamentationes Ieremiae (PL 120, 1059-1259).

[8] Expositio in Psalmum 44 (PL 120, 993-1060).

[9] An Prosa-Werken ist noch zu erwähnen De benedictionibus patriarcharum,

Weit weniger Beachtung fand das marianische Schrifttum Radberts. In der jüngsten Zeit hat man ihm die drei ersten Pseudo-Ildefons-Predigten für Mariae Himmelfahrt restituiert [1]. Sie sind an Monialen gerichtet. Für sie verfaßte er auch den hier neu edierten Brief *Cogitis me* über das gleiche Thema, den Traktat *De partu virginis* über die Jungfräulichkeit Mariens *in partu* [2] und, wie viele annehmen, die Bearbeitung eines Apokryphen *De nativitate s. Mariae*, die, wie die Epistel *Cogitis me*, unter dem Namen des hl. Hieronymus verbreitet wurde [3]. Die ungefähre Datierung jeder marianischen Schrift werden wir am Schluß unserer Untersuchung versuchen.

Gewiß, bei genauem Hinsehen bewahrheitet sich Schönbachs Analyse [4] einiger Kapitel des Matthäuskommentars durchweg im ganzen Schrifttum Radberts : Er setzt fast eine Väterstelle neben die andere. Wollte man ihn aber als bloßen Kompilator hinstellen, schmälerte man seine wirkliche Leistung erheblich, denn neben seiner umfassenden und für seine Zeit ungewöhnlichen Väterkenntnis vertritt er fast immer einen ganz und gar eigenen Standpunkt, über den man bei der Fülle von Vatertexten leicht hinwegsieht. Er benutzt zumeist einen konkreten Anlaß, eine umstrittene oder unklare Frage, um aus reicher Traditionskenntnis und eigenem kritischem Denken das Problem zu erörtern.

Leicht übersieht man diese spärlichen Ansätze zu einer theologischen Klärung vieler Fragen in dieser Zeit vor der Scholastik. Bedenkt man den ungünstigen Hintergrund, dann erst hebt sich die volle Leistung ab, die, wenn sie sich auch, neben den anerkannten Größen der folgenden Zeit, bescheiden ansehen mag, doch die entscheidend wichtige « Brücke » bildet von der patristischen Zeit zum hohen Mittelalter. Man muß es bedauern, daß Radbert infolge politischer Mißstimmigkeiten sich geistig nicht voll entfalten konnte, besonders auch auf mariologischem Gebiet. Ihm war es nur vergönnt, die Frage nach der

---

ed. in RB 28 (1911) 425-432. Peltier 117, Anm. 1. Die meisten Prologe Radberts sind kritisch herausgegeben in MGH Epp. 6, S. 132-149.

[1] Sermo 1-3 (PL 96, 239-257). Vgl. Peltier 112-113 ; Jugie 201 ; Laurentin, Court traité [1]141 : « Il semble bien assuré que les trois pièces sont de la même main. Mais il n'est pas exclu qu'il puisse s'agir d'un imitateur de Pascase. »

[2] In PL 120, 1367-1386, aber besserer Text in PL 96, 207-236, obwohl die Widmung hier fehlt.

[3] Epistola 50 (PL 30, 297 B - 305 B).

[4] Schönbach 166-172.

Assumptio genauer zu stellen, ja als Kronzeuge aller kritischen Stimmen dagegen in die Geschichte einzugehen [1]. Es ist schwer vorstellbar, daß er unter besseren Bedingungen auf der reifen Höhe seines theologischen Forschens nicht zu den Konsequenzen seiner Prinzipien in *Cogitis me* gestoßen wäre. Von einem solchen Wandel drang kein Zeugnis zu uns. Radbert ist wohl bald nach Vollendung seines lebensumspannenden Matthäuskommentars um das Jahr 865 gestorben [2]. Als Todestag erwähnt der benediktinische Kalender, in den er als Heiliger einging, den 26. April [3]. Nach Manitius ist er « ohne Zweifel der gelehrteste und am weitesten blickende fränkische Theologe des 9. Jahrhunderts » gewesen [4].

2. Der Verfasser von 'Cogitis me'

Die geistige Haltung, die hinter manchen « Fälschungen » steht, hat mit den uns geläufigen Auffassungen über geistigen Diebstahl [5] nichts zu tun. Die strenge Autoritätsgebundenheit [6] des frühen Mittelalters, die fast einer Versklavung an die Schriften und Meinungen der Väter gleichkam, forderte notwendig schwerwiegende Begründungen aus Väterschriften für jede auch noch so kleine Abweichung vom Hergebrachten. Was wunder, daß man recht bald auf den Gedanken kam, die eigenen Überlegungen in das Gewand einer der bekanntesten Großen unter den Vätern zu kleiden. Das galt schon von den ältesten Apokryphen [7], die sich fast ausnahmslos auf apostolische Autorität berufen und daher zumindest einen Apostelschüler als Verfasser vorgeben. In späterer Zeit fiel diese Möglichkeit mit der wachsenden zeitlichen Entfernung weg, und man berief sich auf das unumstößliche Ansehen der großen Kirchenlehrer [8]. Bei der Beurteilung der zahlreichen pseudoepigraphischen Traktate ist dieser Gesichtspunkt sehr wichtig, entlastet er doch weithin die moralische Haltung und die Absichten der wahren Verfasser.

---

[1] Zur Gesamtleistung der karolingischen Marienlehre: SCHEFFCZYK 501.
[2] Datierung nach den von Radbert erwähnten Normanneneinfällen.
[3] ASS Aprilis t. III 462 B - 464 E.
[4] MANITIUS 406.
[5] BARRÉ, La lettre 224, Anm. 4.
[6] SCHEFFCZYK 13 ff.
[7] HENNECKE I 32 ff., 66 f.
[8] Man betrachte nur die Pseudoschriften in STEGMÜLLERS Repertorium.

Unsere heutige kritische Haltung solchen Täuschungen gegenüber bringt uns außerdem in die Gefahr, die Schwierigkeiten für die damalige Zeit zu unterschätzen, die es zu überwinden galt, um ein solches Machwerk zu erkennen. Es fehlten oft die Vergleichsmöglichkeiten und die geschichtliche Blickrichtung, um die Fälschungen sofort zu entlarven. Aber trotzdem drängt sich uns die Frage auf : Wie war es möglich, daß eine Schrift zu Lebzeiten ihres wahren Verfassers als Brief des Hieronymus [1] in die Liturgie aufgenommen und zum vielberufenen Zeugen im Ringen um die theologische Durchdringung des Assumptio-Geheimnisses wurde ?

Die früheste Geschichte von *Cogitis me* beweist nun, daß dies nicht ohne Widerspruch geschah. Der Kanonikus Flodoard von Reims († 966) [2], der einen uns fragmentarisch erhaltenen Brief des Reimser Erzbischofs Hinkmar vom Jahre 868-869 [3] benutzte, belehrt uns darüber : Schon damals war in Corbie selbst gegen die Verfasserschaft des Hieronymus eine Stimme laut geworden, was den streitbaren Bischof Hinkmar veranlaßte, diese Zuschreibung unter seinen Schutz zu nehmen. Bei der sonstigen Haltung Hinkmars, der es mit der Wahrheit nicht immer sehr ernst nahm [4], fällt es schwer, der mitunter üblichen Interpretation zuzustimmen, als wäre er hier bona fide gewesen [5]. Ratramnus von Corbie († nach 868), der wahrscheinlich das literarische Geheimnis gelüftet hatte, war womöglich nicht der einzige, der seine

[1] STEGMÜLLER II 73-86, NN. 3404-3462, erwähnt 58 pseudohieronymianische Schriftkommentare ; es gibt überdies zahlreiche Briefe und Predigten, die dem Kirchenvater unterschoben wurden.

[2] Regesten der Hinkmarschen Korrespondenz in Flodoards Historia Ecclesiae Remensis III 22 (PL 135, 225 C ; MGH SS XIII 530) : « Item (scripsit) *pro libello historiae de ortu S. Mariae et homilia b. Hieronymi de Assumptione* ipsius Dei genitricis, quae quidam monachus Corbeiensis monasterii non esse recipiendam contendebat. Ad quae respondit idem domnus Hincmarus, praefatam historiam nos habere ad lectionem, non ad proferendum auctoritatem, homiliam vero eamdem a s. Hieronymo asserit catholice dictam, sicut et stylus et cautela sensus et intellectus et alia certa indicia monstrant, et certae personae, per quas de partibus orientalibus tempore certo delata ad regiones nostras pervenit, fidem faciunt. »

[3] Aus einem Genter Cod. des 13. Jh. veröffentlicht von LAMBOT in : RB 46 (1934) 265 ff.

[4] WATTENBACH-LEVISON 317, Anm. 83.

[5] DE GHELLINCK, Patristique et Moyen-Age II 221 : « avec une bonne foi nullement évidente ». Vgl. BARRÉ, La lettre 224, Anm. 4 ; DERSELBE, La croyance 71, Anm. 30.

warnende Stimme gegen diesen wenige Jahre zuvor entstandenen Hieronymustraktat erhob. Inwieweit diese Haltung freilich die Öffentlichkeit eroberte, ist schwer zu sagen. Viele spätere Handschriften tragen den Namen des Hieronymus nicht [1], und dort, wo Radbert den Ausdruck *mausoleum* verwendet (§ 12), schalten sie das herkömmliche, vom Kirchenvater selbst nacherzählte Geschichtlein über die Etymologie des Wortes ein : « ut Hieronymus ad Jovianum » usw. [2] Sie zitieren also diesen Passus, als ob der Brief selber nicht von Hieronymus stammte, denn sonst wäre die Erwähnung seines Namens nicht nötig; dies scheint eine gewisse kritische bzw. unsichere Haltung der Tradition gegenüber vorauszusetzen.

In der Neuzeit erfolgte die erste kritische Stellungnahme von seiten des Humanisten Erasmus von Rotterdam († 1536) [3]. Er glaubte einen Traktat aus der Zeit nach Hieronymus vor sich zu haben, und zwar die lateinische Bearbeitung einer griechischen Vorlage, die er dem Sophronius († 637) zuschrieb. Mehr Spürsinn zeigte Baronius († 1607) in seinem römischen Martyrologium zum 15. August, der die Urheberschaft des Hieronymus und Sophronius mit guten Gründen ablehnte [4]. Lambetius war für die Entstehung im 7. Jahrhundert, in der Zeit vor Beda. In einer Handschrift aus Benediktbeuren [5] findet sich ein Bibliothekarseintrag des 18. Jahrhunderts unter dem Beginn des *Cogitis me* : « Non est partus Hieronymi ».

Erst gegen Ende des vorigen Jahrhunderts wurde die Frage der wahren Verfasserschaft wieder aufgegriffen und von Morin zunächst richtig beantwortet [6]. Er berief sich auf Baronius, der Hieronymus und Sophronius als Verfasser ablehnt, und meint, der Traktat sei 3 - 4 Jahrhunderte nachher von einem Lateiner verfaßt. Morin ging gegen die Vermutung Hermann Jürgens [7] an, der aufgrund Cassineser Handschriften glaubte, der Brief wäre von dort nach Reims gekommen.

Morin behauptete das Gegenteil, einmal wegen der Tatsache, daß in diesen Hss. das bekannte *Carmen dogmaticum* Hinkmars *De gestis*

[1] Z B. Cod. *M*, vgl. unten S. 54.

[2] Anm. zu § 12.

[3] Vgl. das *Monitum* in PL 130, 122 AB.

[4] LThK[2] I 1270 ff. – Ausgabe des Martyrologium Romanum von 1586 mit zahlreichen Anmerkungen von Baronius.

[5] Clm 4608 (Anf. 11. Jh.) f. 87v : « Nota bene : Sermo hic et sequens non est partus Hieronymi. »

[6] RB 5 (1888) 342-351.

[7] ZKTh 1880, 620.

oder *De ortu S. Mariae* sich dem Hieronymus-Brief anschließt [1], und sodann wegen des Berichtes bei Flodoard [2], Hinkmar hätte seiner restaurierten Kathedrale in Reims einen Prachtkodex vermacht, in dem er beide Schriften kunstvoll hatte abschreiben lassen. Aus dem Konsekrationsdatum der Kathedrale (849) konnte Morin einen terminus ad quem für die Abfassung des Briefes ableiten. Ferner ließ ein eindeutiges Zitat aus Adamnan von Hy († 704) im Brief selber (§ 8) den terminus a quo feststellen. Der Brief wurde also zwischen dem Anfang des 8. Jahrhunderts und der Mitte des 9. Jahrhunderts verfaßt. Dies erlaubte Morin, Radbert als Verfasser vorzuschlagen [3].

Dieser Fortschritt zur Lösung des Problems wurde schon drei Jahre danach von Morin selber wieder in Zweifel gezogen [4], weil das Homiliar des Paulus Diaconus († 799), das vor 797 im ganzen Reich eingeführt wurde [5], einen großen Teil von *Cogitis me* [6] bereits enthielt. Der Pseudo-Hieronymus mußte also vorher entstanden sein. Deshalb glaubte Morin, der fromme Betrug stamme von Ambrosius Autpert († 785), der, obschon gallischen Ursprungs, Abt zu St. Vincenz am Volturno bei Benevent war und durch seine Predigt für Mariae Himmelfahrt auf die karolingische Marienlehre und auf die Gestaltung der Assumptio-

---

1 Beide Schriften wurden von einem Mönch aus Corbie kritisiert, wie Flodoard (vgl. oben S. 7, Anm. 6) erzählt. Sie stehen zusammen in mehreren Hss. von Monte Cassino. In Cod. 100, p. 205-207, führt HINKMARS *Carmen dogmaticum* den Titel *De ortu S. Mariae*. Incipit : « Hunc genitrix domini parvum tibi magna libellum » (MGH Poetae III 410) ; MEERSSEMAN, Der Hymnos Akathistos I 145-147.

2 Nach MGH SS XIII, 479, lautet die Stelle : « *Libellum* quoque *de ortu sanctae Dei genitricis Mariae*, sed et *sermonem beati Jeronomi de ipsius dominae assumptione* scribi fecit et tabulis eburneis auroque vestitis munivit. » Die Restaurationsarbeiten hatten nach Flodoard schon unter Ebbo begonnen, und die Kathedrale wurde wohl bald nach Hinkmars Ernennung zum Erzbischof von Reims (845 : LThK¹ V 64 ; LThK² V 373) eingeweiht. Nach DACL XIV 2, 2254, wurde die Kathedrale von Reims erst 862 von Hinkmar in Gegenwart von Karl d. Kahlen konsekriert. Danach wäre Lambots Datierung des Prachtkodex nicht zu eng auszulegen. Allerdings bleiben die inneren Gründe, die Lambot (S. 266, Anm. 2) anführt, nach denen das *Carmen dogmaticum* vor 849 liegen soll, von dieser Feststellung unbetroffen.

3 MORIN, Notes liturgiques 350. Später konnte Lambot die beiden Extreme noch enger zusammenschließen. Er schlug die Jahre 845-849 vor. Darüber weiter unten.

4 MORIN, Les leçons apocryphes 270-280.

5 LThK¹ VII 45.

6 Nämlich § 23-64, § 106 und die zweite Hälfte von § 108.

feier einen großen Einfluß ausgeübt hat [1]. Bald darauf konnte man aber feststellen, daß die ursprüngliche Fassung des genannten Homiliars das betreffende Stück aus *Cogitis me*, sowie andere Sermones, nicht enthalten hatte [2], was Morin natürlich erfuhr, da er selber an der Ausscheidung des nicht genuinen Teiles mitarbeitete; aber seltsamerweise hat er seine zweite Meinung, die von jener irrtümlichen Voraussetzung ausging, nicht widerrufen [3], wenigstens nicht schriftlich.

Für T. A. Agius war Ambrosius Autpert nur ein ungeschickt erfundener *deus ex machina*, dessen Vaterschaft sich sachlich nicht begründen läßt. Um die Urheberschaft Radberts von neuem zu verteidigen, hob er 1923 folgende Punkte hervor [4]: 1. die Anschrift des Briefes, die sich mühelos in Radberts Biographie einschaltet: Die Namen der angeblichen Adressatinnen, Paula und ihre leibliche Tochter Eustochium, spielen auf die Äbtissin Theodrada und ihre leibliche Tochter Imma an, beide Nonnen im Marienkloster zu Soissons, wo Radbert erzogen war. Letzterer verstecke sich hinter dem Namen des Hieronymus, weil dieser bekanntlich mit der Ur-Paula und ihrer Tochter Eustochium brieflich verkehrt hat. 2. Andere Werke Radberts sind den gleichen Personen gewidmet, und ihre Widmungen sind auch rein literarisch mit *Cogitis me* verwandt. 3. Die gleichen Ambrosius-Zitate finden sich in *Cogitis me*, in Radberts Traktat *De partu* und in seinen Sermonen. 4. Parallele Gedankengänge und Ausdrücke kommen in diesen drei Schriften vor. Agius zählte mehrere solche Stellen auf, Weisweiler [5] und Scheffczyk [6] haben später noch andere nachgewiesen; wir konnten ihre Zahl um einige vermehren.

Dom Lambot entdeckte und veröffentlichte 1934 den oben erwähnten Brief Hinkmars vom Jahre 868-869, der bisher nur aus Flodoards

[1] Pseudo-Augustini Sermo 208 (PL 39, 2139-2134). Der Ps.-Aug. Sermo 194 *in Annunciatione* (PL 39, 2104-2107) wird hie und da ebenfalls dem Ambrosius Autpert zugeschrieben, aber er scheint eher eine Quelle für Autperts Himmelfahrtspredigt zu sein (vgl. LAURENTIN [1]129).

[2] WIEGAND, Das Homiliarium Karls des Großen. Für das Alter der Karolingischen Sermones über die Gottesmutter vgl. LECLERCQ, Tables.

[3] MORIN, Les sources, RB 15 (1898) 400-403. Alle Literatur Morins in seinem Sammelband: Etudes, Textes, Découvertes, Maredsous 1913, pp. 23, 59, 414. – Auch 1913 hielt Morin noch an Autpert als Verfasser des Briefes fest, freilich ohne den Beweis zu liefern. Vgl. BARRÉ, La croyance 71, Anm. 32.

[4] AGIUS in JTS (1922-23) 176-183.

[5] WEISWEILER 353 f.

[6] SCHEFFCZYK 54, Anm. 95.

Regest bekannt war. Der Anfang des Briefes ist zerstört, wahrscheinlich absichtlich, wie Lambot ausführt, nur der Name des Absenders Hinkmar blieb erhalten. Dieser setzte sich mit übertriebenem Nachdruck für die Echtheit von *Cogitis me* ein, wahrscheinlich gegen sein besseres Wissen : « Omelia vero de assumptione S. Mariae non a Radberto est compilata sed a sancto Jheronimo catholice dicta, sicut et stilus et cautela sensus et catholicus intellectus et alia certa indicia monstrant et certae personae, per quas de partibus orientalibus tempore certo delata ad regiones nostras pervenit, fidem faciunt. » [1] Die Heftigkeit des persönlich beleidigten Erzbischofs gegen einen gewissen Mönch aus Corbie (*quidam monachus Corbeiensis monasterii*) richtete sich offenbar gegen Ratramnus, der ihn wiederholt in Fragen über die Trinität und die Prädestination scharf angegriffen hatte.

Eigentlich hätte man jetzt glauben dürfen, daß die Verfasserschaft Radberts nunmehr fraglos feststand. Es erfolgte aber nochmals ein heftiger Angriff, der selbst zurückhaltende und abwägende Gelehrte zur Neutralität zwang [2]. Im Zusammenhang mit der Dogmatisierung der Assumptio (1950) und den damit verbundenen theologischen Schwierigkeiten widersprach R. Geiselmann [3] aus inneren Gründen der bisherigen Auffassung. Ihm gesellte sich 1957 Dom Charlier [4] mit Bedenken äußerer Art bei. Geiselmann glaubte, aus der verschiedenen Stellungnahme zur Frage der Auferstehung der Toten beim Tode Christi (Mt. 27, 52 f.) im Pseudo-Hieronymus und im Matthäuskommentar Radberts zwei verschiedene Verfasser annehmen zu müssen. In *Cogitis me* wird die Frage, ob die Erweckten damals nur vorübergehend oder endgültig auferstanden, nicht entschieden (§ 11-12). Der Matthäus-Kommentar hingegen lehrt eindeutig die Auferstehung dieser Toten für immer [5]. Der an sich kleine Lehrunterschied verliert sein Gewicht, weil Radbert den betreffenden Teil des Matthäus-Kommentars (Lib. 12) gegen Ende seines Lebens verfaßt hat. Viel durchschlagender erschien zunächst das Beweisverfahren Dom Charliers.

---

[1] LAMBOT 269, bzw. MGH SS XIII, 530.

[2] LAURENTIN 125 war zunächst (1953) durchaus positiv für Radbert als Verfasser; in der deutschen Ausgabe (Regensburg 1959, S. 81, Anm. 84) unentschieden und in der 2. französischen Auflage (1959, S. 57, Anm. 80) wiederum positiv. Vgl. auch WENGER 144 f.

[3] GEISELMANN in : Geist und Leben 24 (1951) 365-380.

[4] CHARLIER 70-81.

[5] PL 120, 955 D - 966 A.

Er fand in dem Lyoner Codex 628 einen Hinweis auf *Cogitis me*. Mit der Datierung dieser Handschrift auf das dritte Jahrzehnt des 9. Jahrhunderts schien Radbert als Verfasser auszuscheiden, vor allem, wenn man noch die erforderliche Zeit zur Verbreitung mit einbeziehen wollte. Vor 820 konnte Radbert (geb. um 790) kaum einen so wichtigen Traktat verfaßt haben. Aber die Datierung der Handschrift erwies sich inzwischen als nicht zwingend [1], und obschon unsere heutigen Kommunikationsmittel damals fehlten, dürfen daraus keine voreiligen Schlüsse gezogen werden. Pilger, wandernde Mönche und Kleriker sorgten in manchen Fällen für eine äußerst rasche Verbreitung von Nachrichten, besonders bei einer so heiß diskutierten Frage wie sie *Cogitis me* beantworten wollte. Zusammenfassend konnte H. Barré 1958 die Debatte folgendermaßen abschließen : « Loin donc de devoir être remise en question et d'être compromise, l'attribution à Paschase Radbert n'est en rien ébranlée. Elle continue de reposer sur des arguments solides, contre lesquels on n'a pas encore soulevé d'objections valables. » [2]

Hinzu kommen noch folgende Erwägungen : Alle Versuche, unseren Brief einem anderen Verfasser, etwa Ambrosius Autpert, zuzuweisen, scheitern in Anbetracht der Quellenkenntnisse und der ungewöhnlich hohen Bildung, die *Cogitis me* voraussetzt. Diese Eigenschaften waren damals nur an wenigen geistigen Zentren vorhanden und ohne eine entsprechende Bibliothek von Format, etwa wie die von Corbie, gar nicht denkbar [3].

Ein anderer bedeutsamer Gesichtspunkt ist die Geisteshaltung Radberts, welche mit derjenigen Christians von Stablo geradezu einen « Wendepunkt der lateinischen Exegese im Frühmittelalter » bedeutete [4]. Die dabei maßgebliche Stelle des Matthäus-Kommentars [5] findet sich noch klarer und deutlicher in *Cogitis me*. Nach Schönbach fallen die ersten Bücher des Matthäus-Kommentars, also auch die hier heran-

---

[1] RB 68 (1958) 222, Anm. 1 mit dem Urteil Prof. Bischoffs.

[2] RB 68 (1958) 224.

[3] Die Bibliothek von Corbie zählte zu den reichsten des frühen Mittelalters. Vgl. die Verzeichnisse ihrer Schätze bei Delisle, Le Cabinet des Manuscrits II 104 ff., 424 ff., ferner Dobias-Rozdestvenskaia 168 f.; Lowe, Codices antiquiores V u. VI ; Wilmart in : DACL III-2, 2913-2958 ; und neuerdings über die dortigen Klassikerhandschriften B. Bischoff in : Didascaliae, New York 1961.

[4] Bischoff, Wendepunkte in : SE VI 2 (1954) 189-281.

[5] PL 120, 142 B. Vgl. unsere Anm. zu § 9 u. 12.

gezogene Stelle, annähernd in die erste Schriftstellerepoche Radberts: wie *Cogitis me*. Diese Betrachtungen bekräftigen die Verfasserschaft Radberts. Kein Autor seiner Zeit ist auch nur entfernt mit so starken inneren Gründen zu ermitteln. Nimmt man das eigenständige Urteil Radberts als sein Charakteristikum [1], so kommen nur sein Gegner Ratramnus und sein Zeitgenosse Christian von Stablo [2] als vergleichbar eigenständige Gelehrte in Betracht. Wegen des genannten Streitfalles zwischen Hinkmar und dem Bruder aus Corbie, auch wegen dessen anderer geistiger Ausrichtung, scheidet Ratramnus als Verfasser von *Cogitis me* aus. Christian von Stablo kommt ebenfalls nicht in Betracht, da er sich in marianischen Fragen nicht profilierte. Weil alle äußeren Gründe, die gegen eine Verfasserschaft Radberts vorgebracht wurden, von der Fachwelt als unzureichend erkannt sind, muß die Urheberschaft Radberts nunmehr als gesichert gelten.

3. Geschichtlicher Hintergrund des Briefes

Nach den beiden ältesten Handschriften *RN*, die schon bald nach Radberts Tod (865), nämlich im letzten Viertel des 9. Jahrhunderts, entstanden, trug der Traktat die Anschrift an Paula und Eustochium und deren Konvent. Im Brief selber, der mit seiner Du- oder Ihrform ständig ein wirkliches Gegenüber voraussetzt, sind Anspielungen oder Hinweise auf den Adressaten enthalten, die man nicht gut ohne konkrete Veranlassung erklären kann. Schon der Anfang des Briefes (§ 1) sagt deutlich, daß Paula und Eustochium Radbert um Antwort auf Fragen baten, die bei ihnen und ihren Mitschwestern im Zusammenhang mit der Feier der Assumptio auftauchten. Wenn wir die geteilte Aufnahme der Vereinheitlichung und der Erhöhung dieses Festes [3] im karolingischen Reich bedenken, dann erscheint uns diese Bitte recht verständlich.

Wir sahen oben, daß Radbert den Nonnen von S. Marien bei Soissons auch andere marianische Schriften widmete, um seine Verbunden-

---

[1] Vgl. GHELLINCK, Littérature latine I 112 ff.

[2] DÜMMLER 935-952; zur geistigen Haltung Christians von Stablo, ebda 936, Anm. 1; bzw. PL 106, 1262 D.

[3] Über den Sinn des Kapitulars Karls des Großen vom Jahre 810 (PL 97, 326 u. 534) vgl. BARRÉ, La croyance 64 f. Es handelte sich damals nicht um die Ablehnung eines neuen Festes, denn das Fest bestand seit zwei Jahrhunderten, sondern um die Einführung eines allgemeinen Feiertages im Frankenreiche.

heit mit dem dortigen Kloster immer wieder auszudrücken. Es war aber auch ein persönlicher Grund, der ihn dazu bewog. Im Prolog zum 3. Buch seines Kommentars zu Psalm 44 erwähnt er die Tatsache, daß er in früher Jugend vor dem dortigen Marienaltar die Tonsur empfing [1], was ihn nach damaliger Sitte zum lebenslänglichen Dienst dem betreffenden Kirchenpatron gegenüber, in casu: der Gottesmutter, verpflichtete. Dieser Verpflichtung kam er später nach, indem er für das Marienkloster bei Soissons marianische Schriften verfaßte [2]. Wahrscheinlich hat das dortige marianische Klima die Frömmigkeit des jungen Radbert in diesem Sinne beeinflußt. In *Cogitis me* betont er wiederholt, daß es ihm vor allem um das Lob der Gottesmutter gehe, nicht nur um trockene Erkenntnisse. Frömmigkeit und Dogma liegen hier sehr eng beisammen und sind nicht trennbar [3]. Der Anteil der Frauenklöster an der Verbreitung echter Marienverehrung war im 7. Jahrhundert kein geringer. Auffallend ist allein schon die Zahl der nun aufkommenden Marienpatrozinien, die vom 7. Jahrhundert an bei Nonnenklöstern vorherrschend werden [4].

Die drei Pseudonymen : Hieronymus, Paula und Eustochium lassen sich, wie gesagt, leicht erklären. Der heilige Hieronymus selbst war für Radbert zeitlebens ein besonderes Vorbild [5]. Er entnahm dessen Schrifttum nicht nur viele Gedanken, sondern er fand in ihm auch den

---

[1] PL 120, 1040 B : « Coronam quam susceperam puerulus coram sancto altare genitricis Dei. »

[2] Radbert in Ps. 44, lib. 3 (PL 120, 1055 B) : « Habetis, charissimae, nugas otii mei, habetis quod matri olim voveram, non quod idoneus essem divina explere digne sacramentis in titulo dotis, sed ut devotionem servitii comprobarem. »

[3] Vgl. Scheffczyk a. a. O. S. 167. Ferner Meersseman in: FZTPh I (1954) 130 : « Das Dogma ist Quelle der Frömmigkeit ; aber die Frömmigkeit regt ihrerseits auch die Dogmenentwicklung an. Beides gilt besonders, wo es sich um die Gottesmutter Maria handelt. »

[4] Ewig 1-61. Dort findet sich das Patrozinium von S. Marien in Soissons nicht. Als Grund für Marienpatrozinien führt er die stärker ins Gewicht tretende Idee der Jungfräulichkeit und die Parallele Kirche-Maria an. Um 658 wurde das Kloster erbaut ; den Titel St. Maria erhielt die Abtei erst nach der Verlegung an den Fluß : « St. Maria, Mater Dei ». Martin-Jacob I 256. Leider sind die Namen der dortigen Äbte und Mönche – von St. Médard – nicht bekannt, vielleicht ließe sich der von Meersseman (Der Akathistos I 11) erwähnte Eintrag in Cod. *N* : « Erloinus levita iussit fieri » sonst klären.

[5] « Hieronymus divinae legis interpres ac magister egregius » (PL 120, 34 A ; vgl. 35 B).

Hauptzeugen seiner eigenen kritischen Haltung, die er in einer Zeit des fast ausschließlichen Tradierens niemals offen zum Ausdruck bringen konnte. Der echte Brief des heiligen Hieronymus an Paula und Eustochium fand sich in der Bibliothek von Corbie [1]. Für die geistliche Mutter Radberts, die Äbtissin Theodrada, und für deren leibliche Tochter und Nachfolgerin Imma boten sich die Decknamen Paula und Eustochium von selber an ; sie wurden dort wohl mit Begeisterung aufgenommen. Übrigens war die Wahl eines Beinamens damals Sitte. Radbert selber legte sich den Beinamen Paschasius zu. Durch seine Aufnahme in Soissons unter Äbtissin Gisela, Halbschwester Karls des Großen, und durch seine Zugehörigkeit zum Kloster Corbie unter den Äbten Wala und Adalhard, Vettern des Kaisers, war er in eine Adoptivverwandtschaft mit dem Hofkreis getreten, zu dem natürlich auch Walas und Adalhards Schwester Theodrada und ihre Tochter Imma gehörten ; alle hatten als Kennzeichen ihrer *familiaritas* einen neuen Namen oder einen Beinamen gewählt. Nicht unwichtig sind in diesem Kontext auch die Personifizierungen und Beinamen, die Radbert in seinen Gedichten verwendet [2].

Mehrere, für Monialen oder als « Hausnonnen » in der Zurückgezogenheit lebende Damen bestimmte aszetische Schriften marianischen Inhalts lagen damals schon vor [3]. Das große Vorbild war Ambrosius' Traktat *De virginibus*, von dem er einen Teil bei Gelegenheit der Jungfrauenweihe seiner Schwester Marcella dem Papst Liberius als Predigt zur Verfügung gestellt hatte [4].

Über konkrete Anlässe, Verwandtschaft, Freundschaft und Seelsorge hinaus, tritt in dieser Schriftgattung eine altkirchliche Tradition zutage : die mystische Identifizierung der Kirche mit Maria und deren

---

[1] Jetzt in Leningrad Qv I 19.

[2] BISCHOFF, Theodulf 92-98. Ferner MGH Poetae I 255 f., 360 ff., 483 ff., 410 ff. MGH Epp. IV, Nr. 241, S. 386 nach Alkuin ein Zeichen der *familiaritas* innerhalb des Hofkreises (PL 100, 361).

[3] Nebst Ambrosius, *De virginibus*, wären hier zu erwähnen Venantius Fortunatus mit seinem *Carmen de virginitate* und das ihm zugeschriebene *Carmen in laudem s. Mariae* (vgl. MEERSSEMAN, Der Akathistos I 69-72), Fulgentius von Ruspe mit seinen Epp. 2-3 (PL 65, 311 ff.) *ad Gallam viduam* und *ad Probam virginem*, Aldhelm von Sherborne mit seinen beiden Traktaten *De laudibus virginitatis* (PL 89, 103 ff. und 237 ff. ; das Prosawerk in MGH, Auct. ant. XV, 226-323 und das *Carmen* ibid. 350-471), und andere. Diese marianische Literaturgattung wurde später noch bereichert.

[4] Vgl. HUHN 74, Anm. 153.

vorzüglichem Abbild, bzw. ihrer Verwirklichung, in den jungfräulich Lebenden. Gerade die letzten Abschnitte von *Cogitis me* (§ 98 ff.) verraten die Vertrautheit Radberts mit diesen herkömmlichen Anschauungen.

Dies scheint man hie und da zu übersehen, vor allem, wenn man gegenwärtig nur immer wieder hervorhebt, daß Radberts Marienlehre christozentrisch war [1]. Seine lebensnahe persönliche Marienverehrung steht im Gegensatz zur späteren mehr spekulativen Marienlehre, die zur Privilegien-Mariologie weiterwuchs, worin durch eine Häufung marianischer Lobtitel die von ihm tatsächlich gebotenen Ansätze zur spekulativen Durchdringung irgendwie in den Schatten gestellt werden [2]. Weithin ist der Brief ein Denkmal persönlicher Marienverehrung und will immer wieder dazu anleiten.

4. Gegenstand und Bedeutung des Traktates

Einen Anlaß zum Brief Radberts an seine um Rat bittenden Nonnen in Soissons lernten wir schon in der damaligen allgemeinen Unsicherheit über den genauen Sinn der Assumptionsfeier kennen. Bereits die gallikanische und auch die mozarabische Liturgie kannten dieses Fest. Schon unter Papst Sergius (687-701) wurde es in Rom mit besonderer Feierlichkeit begangen [3]. Ähnliches läßt sich aus verschiedenen Zeug-

[1] SCHEFFCZYK 113 ff. Diese Betonung der Christozentrik mit ihren berechtigten Anliegen übersieht gerne die Perspektiven der vielfältigen Beziehungen der Mutter Christi zum Mystischen Leibe und ihre fortwährende ontische und ethische Stellung dort. Vgl. MÜLLERS Ecclesia - Maria (mit reichem Quellenmaterial) und die Stellungnahme HUHNS 127 ; LUBAC, Betrachtungen 222-264.

[2] Als Ansätze einer « Theologie der Assumptio » gelten auch die Stellen über den Tod verschiedener Heiliger und ihre Verherrlichung (§ 50), über das Gebot der Elternliebe (§ 52), über die Bekehrung der Sünder (§ 86). Ob freilich Radbert den ganzen Wert jener und anderer Konvenienzgründe schon erfaßt hat, kann trotz des dort immer wiederkehrenden Ausdrucks *quanto magis*, bzw. *multo magis*, hier nicht behandelt werden. Dazu RAHNER 298 : « Die Antwort auf die Frage, was das eigentlich hieße (daß Maria mit dem Leib verklärt wurde), findet man offenbar so selbstverständlich, daß man ihr kaum noch Aufmerksamkeit widmet ». Das gleiche gilt für die eschatologischen Ausblicke des Radbertschen Gedankenganges. Jedenfalls ist es beachtenswert, daß selbst der eschatologische Aspekt, dem wir heute entscheidendes Gewicht beimessen, tatsächlich vorhanden ist (§ 11). Vgl. ZELLER's Studie : Corpora sanctorum.

[3] Anm. zur *Notitia historica* über Papst Sergius in PL 89, 29 B (LP 29 B). Vgl. JUGIE 151, Anm. 2.

nissen über die Dormitiofeier in Jerusalem denken, welche damals für die liturgische Gestaltung noch eine Rolle spielte [1]. Die Schwierigkeiten traten zur Zeit Karls des Großen in der fränkischen Kirche bei der Vereinheitlichung und Erhöhung der betreffenden liturgischen Feier auf. Man stellte sich nun die Frage nach der *assumptio in corpore*. Verschiedene Fassungen des *Transitus* [2] mögen ebenfalls zur Fragestellung Anlaß geboten haben. Das selbstbewußt gewordene Frankenreich, das in bezug auf die Bilderverehrung eine kritische Haltung einnahm, war nun auch mit gewissen Formeln der ostkirchlichen Assumptionsidee nicht einverstanden. Wie und weshalb im einzelnen die Fragestellung auftauchte, ist noch nicht geklärt. Vor allem die liturgischen Anlässe sind zu wenig festgestellt worden. Über die damaligen Gestaltungen des betreffenden Chor- und Messeoffiziums sind wir schlecht unterrichtet. Eine wichtige Frage wäre die zeitliche Fixierung der einzelnen Teile des Offiziums. Die Beantwortung der Frage nach der Herkunft der Antiphonen könnte vieles neu beleuchten. Welche sind griechischen Ursprungs ? Wann und wo wurden sie übersetzt ? Darüber werden wir unten einiges sagen. Es kann nicht unsere Aufgabe sein, diese schwierigen Fragen hier zu lösen. Ob solche liturgischen Texte für *Cogitis me* tatsächlich Pate gestanden haben, wird eigens besprochen werden.

Die brennende Frage, die Radbert vorgelegt wurde, formuliert er selber zu Beginn seines Traktates : « Haec idcirco dixerim, quia multi nostrorum dubitant, utrum assumpta fuerit simul cum corpore, an abierit relicto corpore » (§ 9). Gerade um diese Zeit war also das Problem aufgekommen, aber es gab noch keine bereitliegenden Lösungen in der damaligen Tradition. Nach der Art, wie Radbert es behandelt, möchte man bezweifeln, ob er sowie früher Ambrosius Autpert und mit ihnen manch anderer fränkischer Theologe es sehr ernst nahmen. Die Tragweite einer *assumptio corporalis* erkannten sie sicher nicht, vielleicht wegen ihrer Unterschätzung alles Leiblichen.

Ein von Radbert an erster Stelle angeführter Grund ist sein strenges Urteil über ein damals umlaufendes Apokryph *De transitu virginis*. Er warnt die Nonnen vor seiner Lektüre, « damit sie nicht Zweifelhaftes als Tatsache hinnähmen » (§ 7). Leider wissen wir nicht, welche

---

[1] Baumstark, Liturgie comparée 194 ff u. 210.

[2] Leclercq (EM VII [1949] 53) kennt für den gallikanischen Bereich zumindest fünf Fassungen des Ps. Melito.

Fassung des *Transitus* Radbert meint. Darum läßt sich schwer sagen, ob er erkannte, daß manche Versionen desselben, demzufolge der Leib Mariens unter dem Lebensbaum des Paradieses beigesetzt wurde, im Grunde genommen gegen eine echte *assumptio corporalis* wären. Radberts Haltung ist nicht schwer zu begreifen: er möchte auf Tatsachen fußen und von allen frommen Wünschen zunächst absehen (§ 12).

Darum nimmt er als sichere Basis für sein theologisches Denken die Heilige Schrift. Obschon viele damals versuchten, in derselben eine Begründung für die *assumptio corporalis* zu finden, hält Radbert an der Tatsache fest, daß nun einmal nichts davon in der Heiligen Schrift steht, was für ihn bedeutet: Obwohl eine *assumptio corporalis* bei Gottes Allmacht denkbar und möglich wäre, kommt dieser Wahrheit nicht so viel Gewicht zu, sonst hätte Gott klar dazu Stellung genommen. Allem Vorwitz der Apokryphen abhold, möchte er die Frage auf sich beruhen lassen (§ 12).

Radbert will, von Sicherem ausgehend (*ex quibus certi sumus*), mit dem Beistand Mariens, der Überwinderin aller Irrtümer, den Festinhalt darlegen (§ 13). Aus der Heiligen Schrift wissen wir nur, daß Maria nach Christi Himmelfahrt weiterhin jungfräulich lebte, im vertrauten Kreise der Apostel verkehrte und ihnen über die Menschwerdung mitteilte, was sie selber durch den Heiligen Geist erfahren hatte (§ 14). Als Zeugin von Jesu Tod und Auferstehung flehte sie in der Urgemeinde um den versprochenen Heiligen Geist und war Vorbild aller Tugenden (§ 19-21). Über ihr Hinscheiden sagt die Heilige Schrift nichts aus.

Das Fest der Assumptio besagt also zunächst nur, daß Maria heute in den Himmel aufgenommen wurde, wie die Liturgie den Tag seit alters feiert. Mit anderen Worten: die Kirche feiert wie den Todestag aller Heiligen, so auch heute das Gedächtnis des Hinscheidens der Gottesmutter (§ 23). Was mit ihrem Leib geschah, ist zweitrangig und überdies recht schwierig zu ermitteln, denn von einem Leichnam Mariens ist nichts zu finden; nur behaupten einige, sie sei auferstanden und jetzt mit Unsterblichkeit bekleidet (§ 9). Die Legende erzählt ähnliches über das leere Grab des Apostels Johannes (§ 10). Eine weitere Schwierigkeit bieten die Leichname derjenigen, die beim Tode Christi aus dem Grabe auferstanden: Sind sie denn wieder gestorben, um später wieder aufzuerstehen, oder sogleich in die Unsterblichkeit aufgenommen worden (§ 11-12)?

Das Ziel Radberts ist eine besonnene und wohlbegründete Haltung gegenüber diesen stürmisch auftauchenden Fragen. Wie Ambrosius Autpert lehnt er die apokryphen Berichte ab, welche unnötigen, weil von Gott nicht geoffenbarten Wahrheiten, nachjagen (§ 9, 10, 12) und dabei an der Tradition, wie sie die Liturgie mit ihren Festtexten wiedergibt, vorbeigehen. Radbert geht somit zumindest gegen einen leichtfertigen und auf unzuverlässigen, trüben Quellen fußenden Glauben an die *assumptio corporalis* an. Indifferenz in der Frage ist bei ihm unwahrscheinlich ; seine ganz persönliche Haltung, die hin und wieder durchschimmert, kann man kaum anders als negativ (*nescitur* § 9) bezeichnen [1]. Jedoch will er niemanden zwingen zu seiner persönlichen Ansicht, sondern immer wieder dartun, daß das Fundament für die Annahme einer *assumptio corporalis* in der Heiligen Schrift und in den ihm bekannten unverdächtigen Zeugen der Tradition fehlt. Daß er diese Tatsache in ihrem ganzen Schwergewicht hervorhebt und dabei doch so sachlich bleibt, daß er die Elemente der späteren theologischen Lösung bereithält, ja selber mit der theologischen Durchdringung des Problems beginnt, bleibt für immer sein großes Verdienst [2]. Gerade aus dieser anscheinend widersprüchlichen Haltung in der Assumptionsfrage lassen sich zwei Tatsachen erschließen. Der Gedanke der *assumptio corporis* war neu und ungewohnt, sonst hätte Radbert sie bejahen müssen, und aus seiner Reserve den leiblichen Dingen gegenüber war es ihm unmöglich, die Tragweite der Frage zu ahnen.

Vielleicht klingt das alles recht bescheiden für heutiges Denken. Man soll aber nicht vergessen, wie arm an theologischem Gehalt die Lesungen [3] für das Fest der Assumptio in der Westkirche [4] damals

---

[1] Man vergleiche den Text hier mit Radberts sonstiger Ablehnung apokrypher Ideen oder übertriebener Schriftauslegungen (Anm. zu § 12). CAPELLE, Le Témoignage 59 glossiert Radberts Ausdruck § 12 *pio desiderio opinari* so : « Sans aucun doute l'abbé de Corbie nous livre là son âme.»

[2] SCHEFFCZYK 433, 439 ff.

[3] Verwendet wurden vor allem Ambrosius Autpert (Ps.-Aug. 208), Beda, Ps.-Melito usw. Im Egino-Codex von Verona (8.-9. Jh.) : Maximus v. Turin, Serm. app. 11-12, Ps. Aug. 194 (ROSE I 94) ; im Homiliar von Mondsee : Luc. 10, 38-42 *Intravit Jesus* mit Bedas Homilie (PL 92, 470-471) *Haec lectio, fr., kar., pulcherrima ratione* (BARRÉ, L'homiliaire 71-107) ; in den Codd. Vat. lat. 3835-3836 Sermonen des Chrysostomus, des Augustinus (PL 38, 616 ff.), des Antipater und des Proclus (PL 56, 1440). Vgl. Löw 15-39. Man las auch Transitusfassungen, z. B. in Clm 14095 (10. Jh. aus St. Emmeran, Regensburg), f. 75v-87v. Vgl. unsern Anhang : *Sermo Leonis* (!).

[4] In der Ostkirche begann die theologische Durchdringung im 8. Jh. : Andreas

waren und auch vor Augen halten, wie selten heute noch eine theologische Ausführung ist, die über die (negative) Verteidigung des Dogmas hinausgeht. Die meisten Lesungen damals erwähnten das Festgeheimnis nicht einmal oder nur ganz kurz. Die Frage nach der *assumptio* im eigentlichen Sinne war nicht gestellt. Die Ausdrücke *assumptio, memoria, dormitio, nativitas, natalitia, transitus, pausatio* usw. bezeichneten durchweg den Todestag, den kirchlichen Feiertag eines Martyrers, eines Apostels und auch der Gottesmutter. Vom Wort allein her ließ sich also damals nichts ausmachen.

Diese Unklarheit spiegelt sich in *Cogitis me* wider. Der Brief macht den Eindruck einer fränkischen Bestandsaufnahme der marianischen Lehre und Frömmigkeit, gruppiert um das Thema der Assumptio. Mit aller Klarheit aber formuliert Radbert die Frage nach der *assumptio* Mariens im heutigen Sinne, und er versucht aus den ihm bekannten Zeugen der Tradition, aus der Heiligen Schrift und aus der liturgischen Festgestaltung eine Antwort zu geben. Wie empfindlich dieser von Radbert berührte Nerv tatsächlich war, beweist der Erfolg seiner Schrift. Sie gab Auskunft über viele diskutierte Fragen und füllte eine schmerzliche Lücke im Festoffizium aus ; dafür zeugt die ungemeine Verbreitung und die große Autorität des Briefes. Geht auch manches auf Konto des Hieronymus, des einen der vier « Evangelistenväter » [1], für ebenso viel Erfolg sorgte die Aktualität des Problems an sich.

5. Struktur des Briefes

Es ist nicht leicht, die logische Gliederung des Traktates herauszufinden. Das erklärt sich vor allem aus dem praktischen Zweck des Briefes, der einem Nonnenkloster am Feste der Assumption Lesestoff liefern und darum mindestens ebensosehr der Erbauung als dem Verständnis des Festgehaltes dienen sollte : « ut habeat sanctum collegium vestrum in die tantae sollemnitatis munus latinis sermonis » (§ 7).

Gewiß sollte nicht der ganze Brief während der Matutin vorgelesen werden. Die Äbtissin gab ein Zeichen, wenn die Lesung unterbrochen bzw. abgebrochen werden sollte. Der Rest wurde zum Teil in der

von Kreta, Johannes von Damaskus, Germanus von Konstantinopel, Theotoknos von Livias. Vgl. WENGER 106 f.

[1] LUBAC 26 f.

Kommunität, wohl während der Mahlzeit, vorgelesen und zum Teil von den einzelnen Nonnen privat als *lectio divina* verwendet. Radbert selber sagt (§ 2), die Nonnen hätten ihn gebeten, über das Assumptionsfest zu schreiben, « ut habeant sermone latino, quibus se occupent laudibus eadem die quibusve divinis vacent lectionibus ». Aber er sagt auch ausdrücklich, man habe ihn gebeten, dies für « simpliciores » zu tun (§ 2). Ob damit alle oder nur einige Nonnen des Klosters gemeint sind, wissen wir nicht. Wie dem auch sei, wir wollen bei diesen « simpliciores » wohl die erforderlichen Lateinkenntnisse voraussetzen, bezweifeln aber, daß ihre philosophische Bildung ausreichte, um die schwierigen theologischen Ausführungen Radberts verdauen zu können. Zwar fügt er hinzu, man habe ihm nahegelegt, daß die Vätertexte, die er anführen will, schon an anderen Feiertagen ausführlich vorgelesen werden : « cum et eadem in multis festivitatibus multorum patrum studia miro cuderunt eloquio, quae de hac quidem uberius ubique in scripturis divinis praedicata leguntur » (§ 2). Das bezieht sich natürlich auf die Sermonen und Homilien der Väter, die vor allem am Weihnachts- und am Verkündigungsfest gelesen wurden und die Radbert reichlich ausbeutet.

Die paränetischen Einschübe, die im Traktat immer wieder vorkommen, sind wohl an erster Stelle für die *simpliciores* bestimmt. Sie muntern die Schwestern auf zur Bewunderung, Liebe und Nachfolge der Jungfrau-Mutter und zur aktiven Teilnahme am Lobe Mariens im Chorgebet am Feste ihrer Himmelfahrt. Eben in diesen Stücken finden sich die Zurufe *Gaudete, Laudate, Amate* oder *Imitamini*, und eben an diesen Stellen wird Ambrosius fleißig benutzt oder nachgeahmt.

Eine andere Stelle, die den Zusammenhang der Demonstration unterbricht, behandelt die engen Beziehungen zwischen Maria und dem Apostel Johannes nach Christi Himmelfahrt. Dort ergründet Radbert die geheimnisvollen Worte, mit denen Christus am Kreuz seine jungfräuliche Mutter dem jungfräulichen Lieblingsjünger anvertraut hatte (§ 15-18). Zweck dieser Ausführung war offenbar die Verherrlichung des jungfräulichen Standes, obwohl die vorgetragenen Gedanken aus einer viel älteren Reaktion gegen das Syneisaktentum herrühren dürften [1].

Der längste Exkurs, den Radbert sich gestattet, behandelt die Vereinigung der zwei Naturen in der einen Person Christi (§ 53-81). Sach-

[1] Vgl. HUHN 327.

lich läßt sich dieser Einschub leicht erklären, denn das Thema hängt mit der unmittelbar vorher erwähnten theandrischen Mutterschaft Mariens eng zusammen. Den historischen Anlaß zur weitläufigen Abhandlung bot die adoptianische Lehre von der zweifachen Geburt Christi (§ 54). Es war ja noch nicht so lange her, daß die Verbreiter dieser Theorie, Elipandus von Toledo († 802) und Felix von Urgell († 818), den Angriffen der jungen fränkischen Theologie erliegen mußten. Daß ihre Häresie von älteren Irrlehren aus der Ostkirche inspiriert war, wußte Radbert. Daher fügt er gegen Schluß seiner Auseinandersetzung (§ 80) hinzu : « Haec idcirco dixerim tantisper de fide incarnationis Christi, carissimae, quia plures orientalium circumeunt suis faecibus obvoluti, ne suo obnubilare vos velint obscuritatis eloquio, vel graeco turbine latinam confundere puritatem. » Deshalb gibt er den Nonnen den Rat, nach dem Beispiel Mariens, die alle Worte Christi in ihrem Herzen überlegte, am Tage ihrer Himmelfahrt Betrachtungen anzustellen über die othodoxe Christuslehre : « quae de ipso Domino catholice dicuntur, ut et fidem integram servare possitis, et matrem eius debite venerari » (§ 81).

Von damals in Gallien herumstreichenden Irrlehrern aus der Ostkirche ist uns nichts überliefert, ihre Erwähnung sollte den fiktiven Hieronymusbrief ins 4. Jh. versetzen. Wenn Radbert jedoch im Anschluß an Chrysologus sagt, daß sie mit ihrer Sprachfertigkeit eine Gefahr bilden für den reinen Glauben der Lateiner, dann verrät er einfach nur das Mißtrauen der fränkischen Theologen gegen ihre byzantinischen Kollegen. Im gleichzeitigen Matthäuskommentar verwendet er dieselben Ausdrücke, aber hier verraten sie einen Minderwertigkeitskomplex : Über Matthäus haben die Griechen viele und wertvolle Kommentare « quantos et quales graecorum facundia in hoc opere habeat tractatores », während die Lateiner nur wenige besitzen : « latina paupertas (besser : puritas ?) egeat documentis, quia profectio in manus nostras vix perpauca priorum venerant commenta. »

Wenn man sich durch die paränetischen Zwischenschübe und durch den christologischen Exkurs vom allgemeinen Gedankengang Radberts nicht ablenken läßt, findet man schon den Faden seiner Demonstration und die Gliederung des Traktates. Nach der Anschrift und der Formulierung des konkreten Anlasses zur Epistel über die Assumptio (§ 1-6) umschreibt Radbert klar das Thema, wie es durch den apokryphen *Transitus* gestellt wurde : Ist Maria mit oder ohne Leib in den Himmel aufgenommen ? (§ 7-12). Die Frage ist belanglos, und deshalb genügt es am heutigen Fest zu bedenken, warum Maria in den Himmel aufgenommen wurde. Zunächst erwähnt Radbert das wenige, was wir über Maria nach Christi Himmelfahrt aus der Heiligen Schrift wissen (§ 13-22). Das heutige Fest gedenkt der Aufnahme Mariens in den Himmel. Also lobet die Gottesmutter (§ 23-25). Stoff dazu bieten die liturgischen Texte, die Radbert nun kommentiert, zunächst jene aus Luc. 1, 38 ff. (§ 26-37) und sodann die anderen Antiphonen (§ 38-47), wobei der triumphale Empfang Mariens durch die Engel nicht vergessen wird. Dies veranlaßt Radbert zur Formulierung von Konvenienzgründen : Wenn beim Tod und Begräbnis von gewissen Heiligen die Anwesenheit von Engeln sich bemerkbar gemacht hat, a fortiori bei Marias Hinscheiden ; denn Christus hat die Engel geschickt, um sie zu ehren, weil sie seine Mutter ist (§ 48-52). Hier wird der christologische Exkurs eingeschaltet (§ 53-81).

Dann aber führt Radbert weitere Konvenienzgründe an. Zunächst eine psychologische Betrachtung : Nach Christi Hinscheiden trauerte Maria ihrem Sohn nach ; sie verlangte immer stärker wieder mit ihm vereinigt zu sein (§ 82-87). Deshalb ist sie heute in den Himmel aufgenommen, wo sie ihn wiedersieht und gefeiert wird von Martyrern und Jungfrauen (§ 88-89). Dies veranlaßt Radbert zu einem weiteren Konvenienzgrund [1] : Wenn Jungfrauen und Martyrer den Himmel verdient haben, warum nicht die Gottesmutter, denn sie ist Jungfrau geblieben und bestand auch ein Martyrium, sogar ein größeres, ein seelisches, indem sie als Mutter des Heilandes im Geiste das Leiden ihres Sohnes mitgelitten hat (§ 90-91). Maria ist über die Engel gestellt, wie die Tagesliturgie singt, weil sie zwar nicht von Natur aus, sondern durch Gnade über die Engel erhaben ist, weil die Kraft Gottes sie überschattet hat, weil sie voll der Gnade, voll von Gott selber wurde (§ 92-95). Es folgen dann im Anschluß an Ambrosius die Aufmunterungen zur Nachahmung Mariens (§ 96-107). Der lange Epilog bringt zunächst eine Bitte um Entschuldigung für Radberts Kühnheit (§ 108-109) und eine paränetische Glosse zum Assumptionsfeste : Die

[1] Radberts Argument für die Aufnahme Mariens unter die glückseligen Märtyrer, weil sie ein Martyrium in der Seele bestanden hat, ist eine weitere Entwicklung der von Ambrosius Autpert vorgetragenen Erwägung : Maria ist unter die Märtyrer aufgenommen, weil sie den Fürsten der Märtyrer geboren hat (Ps.-Aug. Sermo 208, § 1 : PL 39, 2130) : « Satisque praeposterum est, ut cum sanctorum celebremus victorias martyrum, illius solemnitatem illis praeferamus, quae huic mundo edidit principem martyrum. »

Feier selbst ist für die Nonnen, ob Witwen und Mütter oder Jungfrauen, ein Glückseligkeitsversprechen, wenn sie nur ihre Lampe bereit halten und sich auf das Jenseits einstellen (§ 110-117).

6. Die Quellen

A. Die Heilige Schrift

Zur Geistesart des Paschasius gehörte es, daß er die Heilige Schrift an die erste Stelle seiner Überlegungen setzte [1]. Für die Frage der *assumptio* bietet die Heilige Schrift nur Hinweise, die, für sich genommen, ohne die Tradition nichts besagen über die leibliche Himmelfahrt Mariens. Darauf gründet im letzten die eher ablehnende Haltung Radberts. Gott war es durchaus möglich, die seligste Jungfrau mit Leib und Seele zu sich zu rufen ; davon sagt die Heilige Schrift eigentlich nichts, deshalb kann jeder davon halten, was er will. Radbert selber hält es für einen frommen Wunsch : « pio magis desiderio opinari oporteat » (§ 12).

Auch jene Schriftstellen über die Gnadenfülle Mariens, ihre Unsündlichkeit, ihre stete Jungfräulichkeit und ihre tiefe Beziehung zum menschgewordenen Gottessohn, welche die spätere Theologie gerne für die theologische Erklärung der *assumptio* verwendet, verarbeitete Radbert nicht zum Hinweis auf die *assumptio* im weiteren Sinn. Dies lag wohl in seiner zurückhaltenden Art als Exeget, der die üppige Phantasie vieler Vorgänger auf den tatsächlichen Gehalt der Schriftstellen beschnitten wissen wollte ; er war mißtrauisch gegenüber allen wagemutigen Auslegungen. Die in der Liturgie vielerorts verwendete Perikope Luc. 10,38 ff. *Intravit Jesus* war ohnedies nicht die beste, um eine theologische Begründung der Assumptio zu liefern. Textwahl und Auslegung gehen auch bei Radbert keine neuen Wege, ausgenommen vielleicht an solchen Stellen, die er zu Konvenienzgründen für die Assumptio umbildet, z. B. *quia amore langueo* (§ 82-84).

---

[1] Radbert betrachtet die Heilige Schrift als Sakrament (PL 120, 1276 A), als Norm (PL 120, 142 B) und als Kommunion (PL 120, 221 A, 293 D) ; vgl. PELTIER 123 f. – Seine Exegese ist sehr unterschiedlich. Trotz grundsätzlicher Ablehnung jeder abstrusen Erklärung und mäßigem Gebrauch der allegorischen Methode bringt er nebst guten auch sonderbare Deutungen (PL 120, 154 BC, 715, 742, 960 C).

B. Liturgie

Über Radberts grundsätzliche Einstellung zur Liturgie besitzen wir von ihm selber klare Auskunft. Die Einwände gegen die Feier der Geburt der Gottesmutter lehnt er in *De partu* ab mit dem Hinweis auf die überall übliche Festfeier der Kirche [1]. Die Liturgie ist ihm also ein Ausdruck des Glaubens der Kirche.

Was die damalige Liturgie der Assumptio selbst betrifft, ist unser Wissen leider noch zu gering, um ihre Benutzung bei Radbert präzis abgrenzen zu können. Nur ein kleiner Bruchteil (Promille !) der liturgischen Texte vor dem 9. Jahrhundert ist auf uns gekommen, und das Wenige, das uns erhalten blieb, ist noch nicht voll ausgewertet. Die Einzelfragen sind so kompliziert, daß es nicht möglich erscheint, beim jetzigen Stand der Forschung sich einen hinlänglichen Überblick zu verschaffen. Das gilt auch für die Frage nach der Gestalt von Messe und Offizium der Assumptio. Kann man zum Beispiel erklären, warum Radbert trotz Kenntnis der *Veneranda-Oration* [2] sich nicht anders mit der *assumptio corporalis* befaßt hätte ? Man hat versucht, Radbert als Quelle einiger Antiphonen des Himmelfahrtoffiziums auszumachen[3]. Diese Behauptung durfte Frénaud mit Recht ablehnen [4]. Die karolingischen Kapitulare von 810 und 813, die gallikanischen Sakramentare, welche das Fest schon im 7. Jahrhundert aufführen [5], und das Antiphonar von Compiègne, das in seiner ältesten Handschrift spätestens in die Mitte des 9. Jahrhunderts gehört, widersprechen der Hypothese, daß die bekannten Antiphonen für Mariä-Himmelfahrt aus *Cogitis me* distilliert wurden. Der kompilatorische Charakter des Briefes, der aus den vielen Väterzitaten hervorgeht, muß davor warnen, die liturgischen Texte als Eigengut des Verfassers zu bezeichnen. Gleichwie er fortwährend Schriftstellen verwendet, um seine eigenen Gedanken auszudrücken, so benutzt er auch immer wieder Anspielungen auf die

[1] *De partu virginis* (PL 96, 212 A) : « minime nativitas eius colenda esset. Nunc autem quia ex auctoritate totius Ecclesiae veneratur, constat eam ab omni peccato immunem fuisse, per quam non solum maledictio matris Evae soluta est ... Quodsi praeclara sacratissima Virginis nativitas universaliter tam sancta et tam gloriosa iure colitur. »

[2] CAPELLE, L'oraison *Veneranda* 354-364.

[3] CAPELLE, in : Maria I 225.

[4] FRÉNAUD 106.

[5] BARRÉ, La croyance 64 f.

schon bekannten Antiphonen und Responsorien für Weihnachten oder Mariä Himmelfahrt bzw. Geburt, um den Festgehalt der Assumptio zu kommentieren. An zwei Stellen redet Radbert eine deutliche Sprache : In *Cogitis me* (§ 39) verwendet er eine Antiphon für Mariä Geburt und fügt klipp und klar hinzu : « Sic itaque *ubique* confidenter sancta Dei *canit Ecclesia* » ; er zitiert (§ 86, 92) auch die Antiphon für Mariä Himmelfahrt « Exaltata es », von der es in seinem Sermo 2 ausdrücklich heißt : « super choros, *ut cantatur,* angelorum ». Andere Zitate dieser Art haben wir in den Anmerkungen zum Text und im Register III wörtlich angeführt [1]. Aus dem Brief ist deutlich zu ersehen, daß das Fest schon mit sehr hohem Rang feierlich begangen wurde : Lesungen, Antiphonen und Meßtexte waren also schon vorhanden ; man kannte sie auswendig, sie boten sich von selber an, ja sie flossen Radbert aus dem Gedächtnis in die Feder, um den Gehalt des Festes zu bestimmen. Nimmt man auch für die Abschrift des Antiphonars von Compiègne [2] die Zeit zwischen 860 und 880 an, so dürfte dies die Abhängigkeit Radberts von einer ähnlichen liturgischen Vorlage nicht beeinträchtigen. Der ganzen Anlage des Briefes entspricht das Urteil Dom Frénauds [3], *Cogitis me* sei nicht Quelle der liturgischen Texte für Mariä Himmelfahrt am 15. August, sondern deren Zeuge und Kommentar.

Es liegt sehr nahe, als Entstehungsort des betreffenden Offiziums Rom selbst zu nennen und als Datum die zweite Hälfte bzw. die Mitte des 7. Jahrhunderts anzunehmen. Päpste, die aus dem Osten stammten, führten nicht nur das Fest, sondern auch ein entsprechendes Offizium ein [4]. Dies läßt sich vereinbaren mit Capelle's Feststellung [5], daß die Antiphon *Maria exultavit* im Antiphonar von Compiègne eine direkte Übersetzung der betreffenden griechischen Antiphon bei Johannes von Thessalonich [6] darstellt.

---

[1] Anm. zu § 7, 13, 23, 26, 31, 33, 35, 38, 39, 41, 43-47, 53, 57, 59, 67, 70, 74, 81, 82, 85, 86, 88, 89, 91, 92, 94, 95, 97, 100, 102, 107.

[2] Paris, BN lat. 17436, f. 31v-107 (PL 78, 641-858).

[3] FRÉNAUD 104-111. Nur die Entstehungsfrage von « Ascendit Deus » im monastischen Prozessionale läßt er offen.

[4] CHAVASSE 30 denkt an Papst Theodor 642-649 aus Palästina ; ähnlich BAUMSTARK, Liturgie comparée 194 ff. Unter Theodors Nachfolger, dem Syrer Sergius (687-701), bestand die Prozession bereits.

[5] CAPELLE, in : Analecta Bollandiana 67 (1949) 42.

[6] Ant. *Maria exultavit* : PL 78, 800 A ; Joh. von Thessalonich : PC 19, 389, Zeilen 4 ff.

Der Text des Antiphonars von Compiègne stammte also aus Rom. Wir wissen von vier päpstlichen Antiphonarschenkungen [1]. Zuletzt erhielt der spätere Abt Wala von Corbie 824 anläßlich seiner Romfahrt im Kaiserlichen Auftrag zur Wahl Eugens II einen vierbändigen Antiphonar [2]. Ein Hinweis auf das hohe Alter des Antiphonars ergibt sich ebenfalls aus der Reaktion Agobards von Lyon († 840) gegen nicht-biblische Bruchstücke desselben [3]; sie stammen meistens aus dem lyrischen Reichtum der orientalischen Liturgie [4]. Es ist aber höchst unwahrscheinlich, daß sie erst im 9. Jahrhundert übersetzt wurden, weil um diese Zeit fast niemand mehr hinlänglich Griechisch konnte. Wir nehmen mit Baumstark an, daß der Grundbestand an Antiphonen für die Marienfeste zur Zeit der ersten byzantinischen Exarchen in Rom, also nach 718, geschaffen wurde [5]. Nach Wellesz wäre die zweite Hälfte des 8. Jahrhunderts die Hauptübersetzungszeit [6]. Capelle's Behauptung, die Antiphonen *ad laudes* am Feste Mariä Himmelfahrt seien Radberts Brief entnommen, ist nicht stichhaltig; das Gegenteil trifft zu.

Nebst Antiphonen und Responsorien gab es noch andere Texte für die Assumptio. Näheres darüber läßt sich wegen unserer Unkenntnis des damals gebräuchlichen Offiziums nicht bestimmen. Mancherorts wurde die oben erwähnte Perikope aus Lukas 10,38 ff. (*Intravit Jesus*) als Evangelium verwendet, aber Radbert erwähnt sie nirgends. In Soissons und Corbie wurde vielleicht die Verkündigungsszene aus Lukas 1,26 ff. (*Missus est*) mit dem *Ave Maria* vorgetragen und dazu Lesungen aus den betreffenden Predigten des Petrus Chrysologus, den Radbert hier verarbeitet (§ 26 ff.). Es genügt aber auch die sichere Kenntnis des Compiègner Antiphonars, das des öfteren Teile jener Perikope bringt.

Außerdem wurden wahrscheinlich jene Stücke aus dem Hohenlied gelesen, die Radbert selber glossiert (§ 46-47), oder auch die einschlä-

---

[1] Paul I. an Pippin 754 (PL 98, 200; MGG I 523 ff., 545 ff.; vgl. Hauck 1 34, Anm. 2; Hadrian I. an Karl d. Gr.; Gregor IV. an Ludwig d. Frommen.

[2] Delisle, Recherches 23: « Wala rapportait de Rome quatre antiphonaires que le prêtre Amalarius alla consulter à Corbie pour composer son traité De ordine antiphonarii ». Hauck I 663, Anm. 2; vgl. Annales Carolini, ed. Rau, S. 314.

[3] PL 104, 325-338.

[4] Baumstark, Liturgie comparée 122.

[5] Baumstark, ibid. 109 ff. und in seinen anderen Aufsätzen. Dazu die Arbeiten von Brou, Frank, Wellesz, Meersseman.

[6] Wellesz 144.

gigen Stellen aus Bedas Kommentar [1]. Einige Liturgiegeschichtler glauben, daß schon früh für den August Lesungen aus dem Hohenlied vorgesehen waren [2], die vielleicht später auf die Assumptio umgedeutet wurden. Das bleibt so lange eine Hypothese, als die Entstehung und Ausbreitung des Assumptio-Offiziums nicht gründlich untersucht ist. Leider fußen auch neuere Behauptungen zu wenig auf den Gegebenheiten der Handschriften, so daß sich nicht viel Verlässiges ausmachen läßt. Sicher ist, daß Radbert mit seinen Hohelied-Anwendungen nicht schöpferisch vorging, sondern nur traditionelles Gut zusammentrug. Gewiß ist die vollständige Umdeutung des ganzen Hohen Liedes im marianischen Sinne erst im 12. Jahrhundert erfolgt [3], aber mehrere Stellen waren von jeher auf Maria oder, besser gesagt, auf die Gleichheit Maria - Kirche, angewendet worden, und eben diese Gedanken tauchen bei Radbert auf.

Von der mozarabischen Liturgie scheint Radbert nicht direkt abhängig zu sein. Vereinzelte Anklänge, die man festzustellen glaubt, beweisen keine eigentliche Kenntnis dieser Texte. Überdies waren die aus Spanien stammenden Gebetsformeln im Frankenreich wegen ihrer adoptianischen Klänge verdächtig, hatten doch Felix von Urgel und Elipandus von Toledo vor allem Gebete der spanischen Liturgie vorgeschützt [4].

Die Schwierigkeit betreffs der Oration *Veneranda* haben wir bereits angedeutet [5]. Es erscheint unmöglich, daß Radbert diesen Text nicht gekannt hätte. Er dürfte sogar den Anfang derselben zitieren : « Pro talibus et huiusmodi sacramentis *veneranda* est fratres, *hodierna festivitas* sic annua » etc. [6] Aber die negative Ausdrucksweise « nec nexibus mortis deprimi potuit » galt für ihn und für viele seiner Zeitgenossen wohl nicht als eine positive Behauptung der *assumptio corporalis.*

---

[1] BEUMER 414, Anm. 10, bemerkt, daß die liturgischen Studien zur Assumptio das Offizium viel zu wenig berücksichtigt hätten.

[2] Ordo XIII A bei ANDRIEU, Les Ordines Romani II 484 : « in dominica prima mensis Augusti ponunt Salomonem usque in Kalendas Septembris » ; ebenso bei Amalar von Metz (PL 105, 1309 B). Vgl. BEUMER 416, Anm. 19.

[3] Vgl. OHLY und GORMAN.

[4] HEILER 60 f. und JUNGMANN 25 ff.

[5] Nach Delaporte wurde die *Veneranda*-Oration ursprünglich als Kollekte bei der nächtlichen Prozession (14.-15. Aug.) von St. Hadrian nach Maria Maggiore von Papst Sergius (687-701) eingeführt. – Vgl. JUGIE 276.

[6] Sermo 2 (PL 96, 252 A).

C. Väter

Wir sahen eingangs einen besonderen Grund für die Befürwortung der Autorschaft Radberts in seiner ungewöhnlichen Fülle von Väterkenntnissen. Mit Recht sagt A. Hauck, daß Fälscher « ihren Betrug nur wagen konnten, da sie über eine ungemein ausgebreitete Belesenheit in der älteren Literatur verfügten » [1].

Mag Kahles auch mitunter zu stark auf moderne Fragestellung abheben [2], so hatte sich Radbert sehr intensiv an den Vätern geschult. Eine ausführliche Darstellung der patristischen Quellen Radberts lieferte H. Peltier [3]. Hält man sich vor Augen, daß die spätere Scholastik ihre Väterkenntnisse zum Großteil den Florilegien des 9. Jahrhunderts entnahm [4], dann mehrt sich unsere Achtung ob der allzuoft vergessenen Leistung jener Theologen vor der Scholastik, die man gerne damit abtut, daß sie nur tradierten. Allgemein ist zu bemerken, daß Radbert in seinem Brief keine und in seinen anderen Schriften nur ganz selten seine Quelle angibt, obwohl bei ihm wie bei seinen Zeitgenossen das Zitieren oder Benutzen sehr häufig geschieht. In der Gestaltung der verarbeiteten Stellen ist er oft sklavisch treu, aber mitunter auch sehr frei, wie aus unseren Belegen in den Anmerkungen zum Text ersichtlich ist. Ausdrücklich verweist Radbert in seinen sonstigen Schriften [5] auf Hieronymus, Ambrosius, Augustinus, Gregor, Chrysostomus, Beda, Cyprian, Hilarius, Isidor, Hesychius, Athanasius, obwohl er noch viele andere Autoren benutzt. Einige von ihm verwendete Werke gingen verloren [6], andere warten noch auf Veröffentlichung [7] oder entgehen uns einfach.

Von den lateinischen Vätern nannten wir zuerst Hieronymus, der für Radbert besonderes Vorbild war und darum auch den Namen für

[1] HAUCK II 626.

[2] KAHLES, Radbert und Bernhard. Emsdetten 1938.

[3] PELTIER 132-147 : « A l'école des pères ».

[4] Zu den Florilegien vgl. DE GHELLINCK, Le mouvement 21 f., 76, 146 ; Miscellanea EHRLE V (Rom 19-24) 331 f.

[5] PL 120, 35 C, bzw. 1268 A.

[6] Der Hohelied-Kommentar des Ambrosius Autpert, viele Apokryphe wie die vollständigen Johannes-Akten usw.

[7] Wie das irische Bibelwerk Paris B. N. lat. 11561, f. 1v-217v etwa für das Problem irischer Einflüsse, der ganze Chrysologus und die frühen Hohelied-Kommentare.

den Brief abgab. Fast möchte man es bedauern, daß Radbert so stark in den Bann dieses rauhen Kirchenvaters geriet. Sicher war das nicht ohne Einfluß auf seine manchmal schroffe Sprache in *De partu virginis*. An ihm fand Radbert allerdings eine anerkannte Autorität für seine scharfen Angriffe gegen wuchernde Apokryphen und sonderliche Deutungen der Heiligen Schrift. Radberts Sprachkenntnisse waren aber viel zu gering, um mit denen des Hieronymus auf eine Linie zu kommen, und obwohl er sich mit Hieronymus grundsätzlich gegen die *deliramenta* apokrypher Berichte aussprach, konnte er diesen Grundsatz nicht konsequent durchführen. Er scheint selber dem Apokryphenfimmel nachgegeben zu haben [1]. In *Cogitis me* verarbeitete er manche Angaben des Hieronymus über Bethlehem, um seine eigene Fiktion glaubhaft zu machen (§ 4-5) [2].

Ambrosius († 393) wird von Radbert oft verwendet (§§ 14, 46, 90, 98, 99, 101-103, 105, 110-113), vor allem, wenn er den Nonnen von Soissons Maria als Spiegel der Jungfräulichkeit darstellt. Der Mailänder Kirchenvater hatte in diesem Punkt die ostkirchlichen Anschauungen in die Westkirche herübergeleitet. Dem hl. Augustinus († 430) hat Radbert nur eine einzige Stelle (§ 114) entliehen ; die Erwägungen über Marias seelisches Martyrium (§ 90) können auch vom hl. Ambrosius oder von Ambrosius Autpert inspiriert sein. Cassians († gegen 435) *De incarnatione* hingegen hat ausführliches Material geliefert (§ 60-65, 71-73, 104). Noch weiter geht die Benutzung der Predigten des Petrus

[1] Vgl. LUBAC I 148.

[2] Die pseudo-hieronymianische Epistola 50 *Petitis a me*, die wahrscheinlich aus Radberts Feder floß und in diesem Fall für die Nonnen von Soissons bestimmt wäre, ist ein phantasievolles Apokryph über die « Nativitas S. Mariae ». Eine stark abweichende Abschrift steht nach ROSE I 21 in Cod. Berlin Phill. 1675 (12. Jh.) f. 145v-147r. Überschrift : « Jheronimi ad Paulam et Eustochium de annuntiatione salvatoris per angelum ad Mariam ». Incipit : « Cum omnis devotio ». Gegen Schluß f. 146v : « Hec ergo de laude virginis et presentis diei festo nostra a quo redemptio et sancte ecclesie incorporizatio sumpsit initium dixisse sufficiat ... » Am Schluß f. 147r ein Auszug aus *Cogitis me* (§ 60) : « Quamvis putent parum intellegentes, quod priores sancti minus de Christo intellexerint ministerium incarnationis, cum et ipsi eadem salvati sunt gratia. »

Aus den spärlichen Angaben bei ROSE läßt sich kein sicheres Urteil bilden, ob es sich um eine ganz andere Schrift oder um eine eigene Form von *Petitis a me* handelt. Die Rekonstruktion des Briefes 50 durch LAMBOT in RB 46 (1934) 276 ff. kann jedenfalls nicht voll befriedigen. Ähnliches gilt von *De partu virginis* in der Doppelfassung (PL 120, 1367-86 und PL 96, 207-235) und vom Lesungsvorschlag PELTIER's 109-111. Nur die Hss. könnten das klären.

Chrysologus († 450). Dies erklärt dessen Einfluß auf Radberts Satzbau nicht nur dort, wo er wörtlich zitiert wird (§ 26-29, 32, 33, 53, 54, 58, 80, 83, 85). Wer die von Olivar [1] hervorgehobenen Eigentümlichkeiten seines Stiles kennt, findet sie bei Radbert wieder : Chiasmen bei Parallelen, Vergleiche mit *more*, Einleitungen zu einzelnen Wortexegesen mit *bene, hoc est;* sofortige aszetische Anwendungen, langatmige Ausführungen durch gleichbedeutende Ausdrücke, vor allem Stilfiguren mit *non*, Annominationen, Alliterationen, Konsonanzen, Satzkonstruktionen mit *non - sed, plus - quam, magis - quam, hinc est quod* usw. Die Feststellungen Bischoffs [2] über die irischen Einflüsse sollten natürlich dieses Bild ergänzen, aber vor allem die stilistischen Eigentümlichkeiten der anderen hie und da ausführlich zitierten Autoren behindern eine genaue Charakterisierung des Radbertschen Stiles auf Grund der hier veröffentlichten Schrift allein.

Es ist nicht unwahrscheinlich, daß Radbert für seine christologischen Ausführungen (§ 64 und § 30, 77, 78) die *Scholia de incarnatione Unigeniti* des hl. Cyrill von Alexandrien [3] benutzt hat. Sie lagen zu Radberts Zeit in lateinischer Übersetzung vor [4].

Die Weihnachtspredigten Leos des Großen [5] dürften ebenfalls Radbert inspiriert haben, aber Leos Briefe über die eutychianische Häresie zitiert er hie und da fast wörtlich (z. B. § 78). Die Akten des Konzils von Chalcedon (451), die nach Siegmund [6] in der Bibliothek von Corbie vorlagen, werden von Radbert benutzt, um das Glaubensdekret der 4. Sitzung zu zitieren (§ 53). Sie enthielten aber auch die einschlägigen Briefe Leos [7]. Eine von Dobias-Rozdestvenskaia in Leningrad nachgewiesene Hs. aus Corbie [8] beginnt mit einer *Petri Ravennatis Epistola*, wohl dem Chrysologusbrief an Eutyches, der in Leos Briefsammlung an 25. Stelle steht [9]. Er dürfte in der Leningrader Hs. an 1. Stelle gestanden haben ; vielleicht enthält dieser Codex nicht mehr die vorhergehenden Briefe Leos, wohl aber die folgenden, und auch die Akten von Chalcedon.

[1] Olivar, in : RB 59 (1949) 11-136.
[2] Bischoff, Wendepunkte.
[3] PL 48, 1005 ff.
[4] Siegmund 6,63.
[5] PL 58, 190-234.
[6] Siegmund 153.
[7] Mansi 6, 539 ff.
[8] Dobias-Rozdestvenskaia 163 f.
[9] PL 54, 739 ff. ; Mansi 6, 536.

Die *Expositio fidei Athanasii* des Vigil von Thapse (um 484) wird in Radberts *De partu* ausdrücklich zitiert und in *Cogitis me* stillschweigend benutzt. Die betreffende Stelle stammte aber aus einem 423 von Leporius geschriebenen Brief, den Cassian in *De incarnatione* ausführlich wiedergibt. So erklärt sich, daß Radbert hier (§ 30) zwei weitere Sätze des Leporius verarbeitet, die bei Vigil nicht vorkommen. Vigils *Contra Eutychen* dürfte Radbert ebenfalls bekannt gewesen sein (§ 54).

Die nach dem Konzil von Chalcedon entstandenen Streitfragen kannte Radbert aus dem lateinischen Brief des Griechen Johannes Maxentii an Fulgentius von Ruspe († 532) und aus dessen Antwort. Die Verurteilung des Monotheletismus durch Papst Agatho und das 6. allgemeine Konzil von Konstantinopel (in Trullo I : 680-81) veranlaßte Radberts Ausführungen über die zweifache Willensbetätigung in Christo (§ 75-77). Welche lateinische Übersetzung der Konzilsakten Radbert besaß, ist ungewiß. Sie enthielten auch die *Epistola synodica* [1] des Patriarchen Sophronius von Jerusalem aus dem Jahre 634, welche die Sache ins Rollen gebracht hatte. Radbert zitiert dieses Dokument wiederholt (§ 81-83, 92, 93). Kein Wunder also, wenn Erasmus seinerzeit *Cogitis me* als eine ursprünglich griechisch verfaßte Epistel betrachtete und in Sophronius deren Verfasser erblickte. Warum die modernen Forscher diese vom genialen Humanisten angedeutete Spur bis jetzt nicht verfolgt haben, ist unbegreiflich.

Man hat festgestellt, daß Venantius Fortunatus († vor 610) Radberts Dichtungen stilistisch beeinflußt hat [2], aber aus seinem *Carmen de virginitate*, das ebenfalls an Nonnen gerichtet war, kann man in *Cogitis me* keine wörtlichen Entlehnungen feststellen ; das gilt ebenso für das damals viel gelesene *Carmen in laudem s. Mariae*, das dem Venantius zugeschrieben wird. Wenn aber Radbert (§ 47 f., 87, 97) [3] den triumphalen Empfang Mariens durch Christus, die Märtyrer, die Jungfrauen und die Engel beschreibt, dann hat ihm zweifellos die aus beiden Dichtungen klassisch gewordene Szene [4] vorgeschwebt.

Ob Cassiodors († um 583) Psalmenkommentar (§ 57) und Ildefons' († 667) Traktat *De virginitate s. Mariae* (§ 17) von Radbert wirklich benutzt worden sind, bleibt ungewiß. Der gleiche Zweifel betrifft Isi-

[1] Mansi 11, 461 ff. ; PG 87, 3115 ff.

[2] Neues Archiv 4 (1879) 303.

[3] Und vor allem in den Sermones.

[4] Meersseman, Der Akathistos I 69-71.

dors († 636) *De ortu et obitu patrum* (§ 8, 10) und *Etymologiae* (§ 41). Die übliche Erklärung des Namens Mariae, für die Isidor Hauptvermittler war, kommt in *Cogitis me* nicht vor. Daß aber Radbert Isidors *Etymologiae* gekannt hat, ist nicht zu bezweifeln, denn Anspach hat ihre Benutzung in Radberts *De fide, spe et caritate* für bald nach 826 nachgewiesen [1].

Von den Iren und Angelsachsen zitiert Radbert in *Cogitis me* den palästinischen Reisebericht Adamnans von Hy († 704) für die Beschreibung des angeblichen Grabes Mariä (§ 8) und Aldhelm von Sherbone († 709), um die jungfräuliche Gottesweihe der hl. Agnes auszudeuten (§ 56); andere Stellen (§ 4, 14, 41) weisen ebenfalls auf die Kenntnis von Aldhelms *De laudibus virginum* hin. Die Benutzung von Bedas († 735) *Homiliae* ist viel geringer, als man erwartet hätte; sicher ist sie dort, wo Radbert die sonst sehr geläufige Qualifizierung der Beziehungen zwischen der Jungfrau Maria und dem jungfräulichen Apostel Johannes erwähnt (§ 14), und wahrscheinlich auch dort, wo er uns lehrt, daß Geist im Hebräischen weiblich ist (§ 68).

In Alkuins († 804) Traktat *Adversus Felicem* fand Radbert eine Stelle § (40-42) aus dem *Conflictus cum Serapione* des Arnobius, eines Zeitgenossen Leos des Großen. Die adoptianistische Frage, die zur Zeit Radberts noch brennend war, dürfte ihn veranlaßt haben, die zweifache Geburt Christi in traditionell katholischem Sinne stark zu betonen. Vielleicht waren ihm die diesbezüglichen Ausführungen des Paulinus von Aquileia († 802) bekannt (§ 54).

Der Hohelied-Kommentar des Ambrosius Autpert († 778 oder 784) ist heute nicht mehr vorhanden. Radberts Zeitgenosse Haimo von Auxerre († 860-865) dürfte ihn für seinen eigenen Kommentar [2] benutzt haben. Radbert hat wahrscheinlich in *Cogitis me* die Umdeutungen einiger Hohelied-Stellen auf die Gottesmutter bei Autpert vorgefunden. Wichtiger jedoch ist die Predigt Autperts für Mariä Himmelfahrt (Ps.-Aug. 208). Die ganze Fragestellung über die Assumptio ist bei Radbert offenbar von Autperts Predigt inspiriert. Auch die Entwicklung des Themas weist viele Berührungspunkte auf (§ 7, 9, 23, 46), sogar an den moralisierenden Stellen (§ 90, 12).

Die Gaude-Antiphon umschreibt Radbert im gleichen Sinne wie Autpert (§ 13). Wenn er nicht, wie andere Nachfolger Autperts, wört-

[1] Anspach 353.
[2] Unter Cassiodors unechten Schriften (PL 70, 1055 ff.).

liche Entlehnungen vornahm, dann erklärt sich dies aus der Tatsache, daß die Predigt Autperts allzu bekannt war und die Nonnen von Soissons etwas ganz Neues verlangten.

Schwieriger ist die Frage, inwiefern Radbert die Himmelfahrtspredigten gekannt hat, die Autpert selber benutzt hatte, oder solche, die von Autperts Sermo abhängig waren. Eine genaue und endgültige Datierung dieser Stücke steht noch aus und gehört nicht hierher.

Wenn auch in *Cogitis me* hie und da einige ungelenk übersetzte griechische Fachausdrücke wie *unitio, subsistentia* usw. vorkommen, so konnten wir doch sämtliche Stellen dieser Art auf lateinische Quellen bzw. vorhandene Übersetzungen dieser Stellen zurückführen, so daß eine direkte Kenntnis der griechischen Väter bei Radbert aus *Cogitis me* nicht nachweisbar ist. Überdies ist zu bemerken, daß die in PL mit griechischen bzw. hebräischen Buchstaben geschriebenen Wörter in den älteren Handschriften mit lateinischen Buchstaben geschrieben sind. Die einzige Ausnahme bildet der Christusname, « nomen sacrum ».

Früher überwog die Ansicht, Radbert hätte das Griechische gut beherrscht [1]. Heute wird allgemein angenommen, daß im 8. und 9. Jahrhundert griechische Sprachkenntnisse zur Ausnahme gehörten. Dieser Mangel wurde nicht nur für die politischen Beziehungen zwischen Ost und West, sondern auch für die abendländische Theologie selbst verhängnisvoll ; man las von den griechischen Theologen nur die wenigen Bruchstücke, die lateinisch übersetzt waren [2].

Trotzdem bestand im Westen die pedantische Manie, gewisse Wörter in den « drei heiligen Sprachen » anzuführen, was Radbert in *Cogitis me* auch tut (§ 68). Isidor und Beda hatten darin das Beispiel gegeben. Dazu gebrauchte man oft ein summarisches Wörterbuch in drei Sprachen ; Corbie besaß ein solches [3]. So retteten sich über Generationen hinaus lateinisch-griechisch-hebräische Parallelausdrücke, ohne daß man sie eigentlich verstand. Bei Radbert findet man genügend Beispiele, die seine Griechischkenntnisse stark einschränken. Auch er gibt die griechische Form für Schlüsselworte an, was aber nicht auf eigentliche Kenntnisse schließen läßt. Außerdem bringt er einige Etymolo-

---

[1] MANITIUS I 408 ; SCHÖNBACH 152-153 ; PELTIER 136 ; WEISWEILER 383.

[2] Zum ganzen Problemkreis vgl. SIEGMUND. Vgl. Anm. zu § 68.

[3] Zumeist schöpfte man aus den Etymologien Isidors (Corbie besaß mehrere Exemplare) oder aus zweisprachischen Bibeltexten. Vgl. B. BISCHOFF, Das griechische Element 30, der außerdem auf Macrobius und den hisperischen Wortschatz hinweist.

gien, die auf die Dürftigkeit seiner Philologie ein grelles Licht werfen [1]. Es soll damit nicht ausgeschlossen werden, daß Radbert sich eventuell später gründlichere Griechischkenntnisse erworben hätte, nachdem das neue Übersetzungszentrum in St. Denis bei Paris unter Abt Hilduin († 844) dafür im Westfränkischen Reich einiges Interesse hervorgerufen hatte ; aber aus seinen Schriften ergibt sich, daß er höchstens griechische Buchstaben lesen und einige Worte verstehen konnte.

Corbie besaß die Cassineser Fassung der Konzilsakten von Ephesus (heute in Berlin, cod. 79, Ende 9. Jahrhunderts) und damit auch die Marienpredigten des Proklos und des Cyrillus in Mercators lateinischer Version [2]. Radbert verwendet sie in *Cogitis me* nicht ; vielleicht kam die Handschrift erst später nach Corbie.

7. Verwendung des Briefes in der Liturgie

Wie merkwürdig uns dies heute auch vorkommen mag, Tatsache ist, daß der Brief *Cogitis me* noch zu Lebzeiten Radberts als Schrift des um Jahrhunderte älteren Kirchenvaters Hieronymus in die Liturgie aufgenommen wurde. Flodoard berichtet uns, wie bereits erwähnt, daß Erzbischof Hinkmar von Reims zwischen 844 und 849 seiner eben restaurierten Kathedrale einen Prachtcodex schenkte, in den er den Pseudo-Hieronymus und sein eigenes *Carmen dogmaticum* hatte aufnehmen lassen. Unser Codex *R* aus Fleury, der wenige Jahre später entstand, bietet unmittelbar vor dem Incipit ein von erster Hand geschriebenes Gedicht in 6 Hexametern, das in vielen anderen, vor allem deutschen Handschriften ebenfalls vorkommt, aber dort nach dem 3. und dem 6. Vers jeweils einen Hexameter einschiebt. Das Gedicht lautet also folgendermaßen :

Hic theotokos sacrae uersatur sermo Mariae
Ieronimus prudens quem condidit ille sacerdos,
Qualiter haec claros assumpta petiuit olympos.
[Post Christum regem residens regina polorum].

---

[1] Z. B. der Ausdruck *Charakter:* nach Häring 505 f. übernimmt Radbert in Abhängigkeit von Kassiodor die Erklärung Isidors (PL 120, 1039 B ; PL 70, 477 D). Auch *caritas* leitet R. nach Isidor (Et. 8, 2, 6) vom griech. *charis* ab (Manitius I 403 Anm. 4), desgl. *fillis* von *philos* (Manitius I, 408, Anm. 3).

[2] Manitius I, 407, Anm. 1. – Berlin, cod. Phill. 1669 (9. Jh.).

Ex cuius merito mundus uirtutibus omnis
Et superi gaudent mirandum iure ministri,
Optatam pariter per quam meruere salutem.
[Ut uerum pateat nullus pretiosior exstat].

Die kürzere, wohl nicht ursprüngliche Fassung findet sich auch in Cambridge, Peterhouse 130 (Anf. 11. Jh.) [1] f. 267b, nicht in Einsiedeln 256 (10. Jh.) p. 523, aber in beiden Hss. finden wir den gleichen Fehler *theokos* in Vers 1. Die längere Fassung kommt vor in Clm 332 (11. Jh.) f. 143r; Clm 4608 (Anf. 11. Jh.), f. 87v; Clm 1071 (12. Jh.) f. 154r; Clm 10740 (11. Jh.) f. 85r. Barré vermutet in den sechs Hexametern ein Gedicht Hinkmars für den erwähnten Prachtkodex [2], um die Authentizität des Briefes zu schützen. Die Verfasserschaft Hinkmars scheint etwas fraglich, weil mehrere Cassiner Handschriften in Anschluß an *Cogitis me* wohl Hinkmars *Carmen dogmaticum* bringen wie im Prachtcodex, aber das Widmungsgedicht nicht anführen.

Wie dem auch sei, die Autorität Hinkmars und die Reimser Adoption haben zur Verbreitung des Briefes große Bedeutung gehabt. Sogar der Angriff des Ratramnus ist ein weiterer Beweis für die Achtung, die man dem Brief schon damals schenkte. Der von Charlier gefundene Hinweis in einer Lyoner Handschrift deutet ebenfalls auf eine frühe und rasche Verbreitung, ja liturgische Verwendung des Briefes. Unsere beiden ältesten Handschriften, die im letzten Viertel des 9. Jahrhunderts in Soissons (*N*) bzw. in Fleury (*R*) geschrieben wurden und deren Einteilung in Lektionen zum Teil aus der gleichen Zeit stammt, sofern sie nicht schon von erster Hand eingetragen wurde, lassen an einer frühen Verwendung für die Assumptionsfeier keineswegs zweifeln.

Der Erfolg des Briefes als Lesestoff erklärt sich daraus, daß die früheren Lesungen zum größeren Teil am Festgehalt vorübergingen, weil ihre Verfasser darüber im unklaren waren, oder der Himmelfahrt Mariens wenig Gewicht beimaßen. Bis dahin hatte man als Lesestoff zum Teil wohl auch Transitusfassungen verwendet, gegen die nun der neue Traktat mit Recht Stellung nahm und die er allmählich verdrängte. Aus dem im Anhang veröffentlichten Sermo des Ps.-Leo spürt man das allgemeine Bedürfnis, endlich einmal Lesungen zu haben, die

[1] JAMES, Peterhouse 156 f.; MEIER 523-566.

[2] Persönliche Mitteilung P. Barrés vom 6. 6. 1961, der sich fragt, « si ce ne serait pas la ‚dédicace' composée par Hincmar de Reims pour l'exemplaire, richement enluminé, qu'il avait fait copier ».

auf den Festgehalt eingehen und doch nicht im Phantasiestil der Apokryphen Unglaubwürdiges behaupten. Kein Wunder also, wenn das erweiterte Homiliar des Paulus Diaconus einen Großteil des Briefes (§ 23-64, § 106 und die 2. Hälfte von § 108) als Homilia 46 zum Assumptionsfest aufnahm [1].

Die Lektionare fast aller großen Zentren bereicherten sich im Laufe der folgenden Jahrhunderte mit *Cogitis me*. Ganz oder teilweise taucht der Text überall auf, so daß es äußerst schwer ist, alle noch existierenden Handschriften zusammenzustellen. Die von Quadrio aufgezählten Handschriften sind noch lange nicht alle [2]. Die Beschreibungen der betreffenden Codices in den Bibliothekskatalogen verzeichnen nicht immer alle Stücke eines Lektionars oder bieten nur eine summarische Angabe ohne Incipit, vor allem, wenn *Cogitis me* nicht unter Hieronymus' Namen steht [3]. Man müßte alle Lektionare und Breviere genau untersuchen, um festzustellen, ob keine Spur von *Cogitis me* vorhanden ist [4]. Die Einteilung in Lektionen ist äußerst verschieden ; oft wurde sie in einer und derselben Handschrift im Laufe der Zeit wiederholt geändert ; allmählich ließ man die zweifelnden oder ablehnenden Stellen weg, obschon auch Zeugen dafür da sind, daß diese Stellen noch im 15. und 16. Jahrhundert gebraucht wurden.

---

[1] PL 95, 1497-1505. Aber auch die Homilia 45 (11.-12. Jh.) ist von *Cogitis me* stark abhängig ; das gilt für einen Sermo des Martin León († 1221) zum gleichen Fest (PL 209, 19-24). Vgl. Gordillo 238 ff.

[2] Quadrio 177-180. Leider ist diese Aufzählung nicht nur unvollständig für die älteste Zeit, sondern teilweise auch unrichtig : z. B. Cod. Paris S. Geneviève 3340 enthält *Cogitis me* nicht ; unser Codex *H* ist Paris BN lat. 2873 *A* ; auf S. 178 soll es heißen : Oxford, Bodl. Canon Misc. 167 etc.

[3] Z. B. die Beschreibung von Clm 701 im Catalogus Codicum lat. Biblioth. Regiae Monacensis III 1, S. 177, wo das Officium der Ass. nicht einmal summarisch angegeben ist.

[4] Das scheint z. B. für die Reichenau zuzutreffen. Wir konnten im Karlsruher Bestand aus der Beschreibung von Holder keine *Cogitis me*-Handschrift ausfindig machen. Es ist aber auch möglich, daß Handschriften im 9./10. Jh. vorhanden waren, die verloren gingen oder nicht in Karlsruhe sind. Jedenfalls ging im 10. Jh. von dort eine neue proassumptionistische Welle mit dem « Reichenauer Anonymus » aus, den Wenger veröffentlicht hat und der in einigen Münchener Handschriften erhalten ist. Nach Wenger 91 f. war Ende des 8. Jh. das Bedürfnis allgemein, für das Fest der Himmelfahrt, das man vielerorts recht feierlich beging, neue Lesungen zu haben. Darum übersetzte man griechisches Gut oder stellte frühere Übersetzungen aus dem Griechischen neu zusammen. Im 9. Jh. wurde dann der Anonymus auf der Reichenau übersetzt.

Wir wollen hier noch auf einige Zentren hinweisen, die für die Tradition und Verbreitung von *Cogitis me* wichtig waren. Zunächst Reims [1]. Es ist sehr schade, daß wir den Prachtkodex Hinkmars nicht mehr besitzen ; damit könnten die Fragen, die das Widmungsgedicht und das in den Handschriften oft folgende *Carmen dogmaticum* Hinkmars betreffen, gelöst werden. Einige beneventanische Handschriften des 10.-11. Jahrhunderts, darunter unser Codex *M*, enthalten vielfach Hinkmars *Carmen* im Anschluß an Radberts Brief. Leider sind die ältesten Beneventaner Handschriften nicht mehr erhalten ; sie fielen wohl der Sarazenenplünderung 883 zum Opfer. Wahrscheinlich hatte man dort schon im 9. Jahrhundert den Brief ins Offizium aufgenommen. In Monte Cassino [2] besitzt man noch folgende Handschriften von *Cogitis me:* Codd. 100, 102 H, 109 GG und 111 GG mit Hinkmars *Carmen* und Codd. 101 HH, 115 HH, 98 H, 305 H ohne das *Carmen.*

Aus Cluny [3] stammen unsere Codd. *BD* und folgende Pariser Handschriften : BN nouv. acq. lat. 1455, f. 90v-105r ; BN nouv. acq. lat. 2246, f. 122v-126v und f. 129r-30v ; BN nouv. acq. lat. 1436, p. 651-675 ; BN nouv. acq. lat. 2390, f. 56r-60v.

Aus Corbie [4] stammt der Pariser Cod. BN lat. 12406, f. 42r-56v.

Aus Soissons stammt wahrscheinlich unser Cod. *N.*

Noch viele andere Bibliotheksbestände wären auf die Herkunft der Handschriften mit *Cogitis me* zu untersuchen, um die Verbreitung näher zu bestimmen [5].

Vor allem die *Consuetudines Monasticae* geben Auskunft über den liturgischen Gebrauch und die allgemeine Hochschätzung des Briefes. Aus Farfa [6] wird überliefert, daß man alle Lesungen für die Nokturnen

---

[1] Reims 295, f. 74 ; 117, f. 26 ; 299, f. 203v-212v ; 300, f. 100. Den Hinweis verdanke ich P. Barré.

[2] Codicum Casinensium Manuscriptorum Catalogus I 106 f.

[3] DELISLE, Inventaire des Manuscrits de B. N. Fonds de Cluny.

[4] DELISLE, Le cabinet des Manuscrits de la B. N.

[5] Arras 732 (684), f. 2v-35r. – Autun, Bibl. Municip. 33 (Sém. 37) 10. Jh. – Berlin, Phill. 1874, f. 70r-87r ; 1839 (aus Metz), f. 366v-374r. – Bern 114, f. 38v-40v (§ 23 ss., wie im Homiliar des Paulus Diaconus). – Brüssel BR 993, f. 166-174. – Kopenhagen Thott. 129, f. 32r-43v ; Thott 26 (mit *Petitis me*). – München Clm 14030, f. 1-11va ; 4608, f. 87v-90v ; 701 f. 159ra-162va u. 163vb-165rb ; 332, f. 143r-162v ; 9667, f. 77-86 ; 17041, f. 85r-100v ; 1071 (= 9672), f. 154r-162r ; 17200, f. 30-47 ; 17206, f. 30-57 ; 19105, f. 45-52 ; 21269, f. 157-167 ; 23440, f. 1-20. – Peterhouse 130, f. 267b-283a ; 245, f. 10vb-116a. – St. Gallen 131. – Zürich Rh 103, f. 1r-29v.

[6] ALBERS I 98 ff.

der Himmelfahrt aus *Cogitis me* entnahm. Das Fest wurde gefeiert mit der üblichen nächtlichen Prozession, die schon unter Papst Sergius (687-701) in Rom gebräuchlich war und sich wohl überall mit dem Fest verband; im Refektorium galten die gleichen Vorschriften wie bei der Osterfeier. Auch in der Oktav nahm man die Lesungen aus *Cogitis me* und am Oktavtag selber ebenfalls acht Lectionen von § 49 an und die Lectio Evangelica *Intravit Jesus* mit der entsprechenden Homilie Bedas [1].

Die Gebräuche Clunys weisen in die gleiche Richtung [2]. Für die Nokturn wurden die Lesungen aus *Cogitis me* entnommen mit dem Evangelium *Intravit*. Nach der Terz fand die übliche Prozession statt, und die ganze Woche danach stand im gleichen Rang wie die Osterwoche. Eine andere Fassung der Bräuche Clunys fordert auch für die Vigilfeier Lesungen aus *Cogitis me*. Den Gipfel der Hochschätzung erreicht der Hieronymusbrief hier durch die Anordnung [3], daß er als 9. Lesung anstelle des Evangeliums treten soll. In anderen *libri ordinarii*, bzw. *consuetudines* könnte man ähnliche Bestimmungen finden.

Bei dieser fast einhelligen Benutzung von *Cogitis me* in der Liturgie konnte eine Reaktion nicht ausbleiben. Der aufkeimende Glaube an die *assumptio corporalis* rebellierte gegen die Autorität des Hieronymus, aber zunächst ohne Erfolg. Obwohl gegen Ende des 10. Jahrhunderts auf der Reichenau einige griechische Homilien Eingang fanden und für die leibliche Aufnahme Mariens in den Himmel eintraten, gelang es ihnen nicht, den Hieronymus zu verdrängen [4]. Erst im 12. Jahrhundert verbreiteten sie sich in verschiedenen süddeutschen Klöstern, vor allem durch den eifrigen Gerhoh von Reichersperg. Zu den von Wenger als Beleg angeführten Münchener Handschriften Clm 2586 und 14348 können wir Clm 19112 (Tegernsee 12. Jh.) hinzufügen, wo nebst dem allgemeinen Bezug auf *Cogitis me* [5] schon in der Überschrift des anonymen Traktates *Hodierna festivitas* [6] der Kampf mit

[1] Aus Bedas in Luc. 10, 38 (PL 92, 470 f.): « Haec lectio superiori pulcherrima ratione connectitur. »

[2] ALBERS II 26 f., bzw. 56.

[3] « Ad nocturnos legitur sermo S. Hieronimi, Cogitis me o Paula, qui cum tantae sit excellentiae, ad nonam lectionem nequaquam pronuntiatur Evangelium, sed omnes lectiones de eodem sermone fiunt » (PL 149, 683 D).

[4] Cod. Augiensis LXXX (10. Jh.). Vgl. WENGER 140.

[5] Vgl. WENGER 337, Anm. 5, Z. 22: « Tanquam refutatum ab ipso beato Jeronimo, cum ipse non hunc ... », bis Z. 32.

[6] Text bei WENGER 341-362.

Hieronymus' Autorität zum Ausdruck kommt: « Incipit sermo de assumptione sanctae Mariae ... ille quem beatus Jeronimus improbare videtur. Scilicet post tempora Jeronimi conscriptus et magnorum et antiquorum Patrum auctoritatibus fultus, videlicet Dionisii ariopagite, Germani Constantinopolitani et Juvenalis Jerosolimitani, archiepiscoporum. »[1] Andere große Autoritäten mußte man also anführen, um überhaupt neben « Hieronymus » zu Wort zu kommen. Diesen Versuchen kam der trotz allem erstarkende Glaube an die *assumptio corporis* entgegen. Es ist nicht einmal sicher, daß der Anonymus in der Liturgie Verwendung fand; jedenfalls weisen die Münchener Handschriften keine Einteilung in Lektionen auf; zudem hat zum Beispiel Clm 19162 (Tegernsee), neben dem Anonymus auf f. 151r ff. *Cogitis me* als Lesung für die Assumptio.

Die alten Martyrologien Ados († 875) und Usuards († nach 869), die ganz in der neutralen bzw. agnostischen Haltung Radberts verbleiben[2], beherrschen auch noch später die Öffentlichkeit, wie in einem Martyrologium des 14. Jahrhunderts aus St. Peter-Oberaltaich, Clm 1043, anni 1342, p. 77 f., das fast vollkommen mit Usuard übereinstimmt. Dort heißt es: « XVIII Kal. Sept.: Assumptio sanctae Mariae semper virginis. Cuius sacratissimum corpus etsi non invenitur super terram, tamen pia mater ecclesia venerabilem eius memoriam sic festivam agit, ut pro condicione [carnis] eam migrasse non dubitet. Quo autem venerabile spiritus sancti templum nutu et consilio divino occultatum sit, plus elegit sobrietas ecclesiae cum pietate nescire, quam aliquod frivolum et apogrifum inde tenendo docere. » Aus dem gleichen Kloster stammt Clm 1071 mit *Cogitis me* (f. 154r-162r), so daß über die Herkunft der obigen Bemerkung kein Zweifel vorliegt.

Selbst wenn in vielen Fällen der stärker werdende Glaube an die leibliche Himmelfahrt nach anderen Lesungen verlangte, bedeutete dies noch nicht ein völliges Ausschalten von *Cogitis me*. Der Brief enthielt ja ganze Strecken, die man in positivem Sinne deuten konnte und die zu den Schrift- und Liturgietexten des Festtages einen guten Kommentar lieferten. Diese Stellen behielt man als Lesungen. Der Wandel der Abschnitte, die man verwendete, spiegelt sich in den vielen Änderungen der Lektion-Nummern in unserem Cod. *N* deutlich wider. Schon im 9. Jahrhundert hatte das Assumptiofest eine Oktavfeier[3]

[1] Clm 19112, f. 1r; außerdem Clm 14348, f. 189v mit dem gleichen Incipit.

[2] Ado v. Vienne: PL 123, 202 AB; Usuard: PL 124, 365 f.

[3] Klauser, in: HJB 53, 183, Anm. 49, unter Leo IV. (847-855).

erhalten ; man brauchte also noch mehr Lesungen. Der Münchener Codex 701 (14. Jahrhundert) bringt eine reiche Auswahl von Lektionen [1] und am Schluß einen großen, zum Teil in Lektionen eingeteilten Ausschnitt des Briefes.

In Anbetracht der großen Verbreitung von *Cogitis me* wäre ein eigenes Studium erforderlich, um seinem vielverzweigten Einfluß gerecht zu werden. Da ein vollständiger Überblick über die weitzerstreuten Handschriften einstweilen nicht möglich ist, haben wir uns auf die oben angedeuteten Einzelheiten beschränken müssen [2].

Wie die Liturgie, so konnte auch die Theologie an *Cogitis me* nicht stillschweigend vorbeigehen. Wie sehr Gerhoh von Reichersperg mit der Einführung seines aus dem Griechischen übernommenen Reichenauer Anonymus gegen die Autorität des Ps.-Hieronymus angehen mußte, sahen wir bereits. Auch Abälard [3] setzt sich in seinem klaren Bekenntnis zur *assumptio corporalis* eingehend mit dem Traditionsstrom um den Hieronymusbrief auseinander : « Non ignoramus beatum Hieronymum, cum huius Assumptionis sermonem scriberet, intantum dubitasse de resurrectione hac, quam diximus in matre Domini completam, ut diceret 'nihil pro certo' hinc haberi 'nisi quod hodierna die migraverit de corpore' ... potuit contingere, ut quo tempore Hieronymi latuit incertum, postmodum revelante Spiritu fieret manifestum ... » [4]

Über den Einfluß des Hieronymusbriefes auf die Hochscholastik wäre ein eigenes Kapitel, sogar ein langes, hinzuzufügen. Nicht nur durch seine Lehre über die Eucharistie hat Radbert bis ins 13. Jahrhundert einen ungeheuren Einfluß ausgeübt ; auch in bezug auf die Assumptio hatte man sich mit ihm – oder, wenn man will, mit Hieronymus – auseinanderzusetzen. Thomas von Aquino zitiert ihn bis sieben-

---

[1] Für die Vigil die Homilie Bedas *Magnae devotionis* (PL 92, 479 C - 480 C) in drei Lesungen (LAURENTIN [1]138). Danach drei Lesungen über das Hohe Lied *Osculetur me osculo ...* (PL 83, 1119 A ff.). Sodann Ps.-Ildefons Sermo 7 (PL 96 267 f.) *Celebritas hodierni diei*, Beda : *Haec lectio f. c. pulcherima ratione* (PL 92, 470 D), die §§ 1-39 von *Cogitis me* (f. 158vb) bis « post Christum gloriosa resedit ». Daran anschließend die Augustinus-Homilie *Verba Domini nostri Jesu Christi*. Für die Oktav 6 Lesungen aus *Cogitis me* : « Beata Dei genitrix non a filio suo ... » bis zum Ende (§ 104-117) und Augustinus' Homilie *Sanctum Evangelium cum legeretur*.

[2] Die Brevierreform Pius' V. strich *Cogitis me* für das Fest der Assumptio und gestattete nur noch die Lesungen der 2. Nokturn am 8. Dezember.

[3] Vgl. WEISWEILER, Schol. 25, 235 f. – Text PL 178, 539-546.

[4] PL 178, 143 CD.

mal! Und es wird keinem entgangen sein, daß die Konvenienzgründe, welche die heutigen Theologen für die *assumptio corporalis* anführen, im großen ganzen die gleichen sind wie diejenigen, die Radbert für die *assumptio animae* oder für die *assumptio* überhaupt entwickelt hatte.

8. Ergebnisse

Die Ergebnisse der vorhergehenden Untersuchung beziehen sich auf fünf Punkte: 1. Die Lehre des Traktates *Cogitis me*, 2. Die dogmengeschichtliche Bedeutung des Traktates, 3. Die Verfasserschaft, 4. Die ungefähre Abfassungszeit, 5. Die chronologische Reihenfolge der marianischen Schriften Radberts.

1. *Die Lehre.* Radbert neigt zweifellos zur Ablehnung der *assumptio corporis*. Diese Haltung erklärt sich aus mehreren Tatsachen und Umständen:

a) aus dem Fehlen von entsprechenden Schriftzeugnissen,

b) aus der Unklarheit der Radbert bekannten liturgischen Texte, welche fast ausschließlich auf die *assumptio animae* anspielen,

c) aus der Stellung der Gottesmutter im Heilsplan nach den Vätern, die Maria vor allem von der Incarnation und von ihrer Beziehung zur Kirche her betrachtet hatten, was mit einer *assumptio corporis* keine Verbindung zu haben schien,

d) aus Radberts Unkenntnis der griechischen Theologie in ihren besten Vertretern, während die orientalischen Apokryphen im Abendland stark verbreitet waren und von ihm mit Recht abgelehnt wurden.

2. *Dogmengeschichtliche Bedeutung.* Vom dogmengeschichtlichen Standpunkt hat Radberts Schrift eine dreifache Bedeutung:

a) Sie ist eine Zusammenfassung der damaligen Marienlehre im karolingischen Reich.

b) Sie ist der Anfang einer eigentlichen theologischen Reflexion im Abendland über die *assumptio corporalis* und insofern als ein erster mariologischer Traktat des lateinischen Mittelalters anzusprechen.

c) Sie weist auf die Grundelemente und Ansätze für die Klärung der Frage nach der *assumptio corporalis* hin.

3. *Verfasserschaft.* Als innere Gründe für die Urheberschaft Radberts, die bisher nicht widerlegt werden konnten, gelten vor allem folgende:

a) die fast formelhaft gleichen Anreden in seinen Schriften an die Nonnen von Soissons;

b) der vielfach schwerfällige und umständliche Stil Radberts ;

c) eine Reihe gleichlautender Formulierungen und ähnlicher Gedankengänge in *Cogitis me* und im übrigen Schrifttum Radberts ;

d) die Verwendung derselben Väterstellen in entsprechenden Zusammenhängen.

Unter den äußeren Gründen spricht das Zeugnis des Ratramnus von Corbie am deutlichsten, und alle Bedenken äußerer Natur, die irgendwie auftreten, können als nichtstichhaltig nachgewiesen werden. Somit dürfte die Urheberschaft Radberts nicht mehr in Zweifel gezogen werden.

4. *Abfassungszeit.* Aufgrund der beiden ältesten Handschriften vermögen wir bis in die unmittelbare Zeit nach Radberts Tod (865) vorzudringen. Sie wurden um 875 geschrieben. Da sie untereinander keine direkte Verwandtschaft aufzeigen, läßt sich der Urtext auf mehrere Jahre zurückdatieren. Zwischen 845 und 849, wahrscheinlich 846 wurde der Pseudo-Hieronymusbrief im Auftrag Erzbischof Hinkmars für liturgischen Gebrauch in Reims abgeschrieben. Hätte Hinkmar es wagen können, dem Mönch Ratramnus in Corbie 868 so entschieden zu entgegnen, wenn der Brief erst um 845 oder noch später verfaßt worden wäre ? Hätte er es nicht schwer gehabt, den Traktat als Hieronymusbrief zu verteidigen, wenn die Erinnerung an den wahren Verfasser noch frisch gewesen wäre ?

Wie aus den ersten Sätzen des Briefes hervorgeht, antwortet der Verfasser auf drängende Fragen über Inhalt und Festgestaltung der Assumptio. Nach 813 bis zur Jahrhundertmitte ist die Zeit der Festerhöhung zu einem Hochfeste überhaupt mit Oktav. Das war wohl der Anlaß zur Frage und Antwort. Vor 823 kann dies kaum stattgefunden haben, denn um diese Zeit kam Radbert erst wieder von Noirmoutier, bzw. Korvey, nach Corbie zurück. Eine Stelle des Briefes (§ 92) gemahnt an Ps.-Dionysius den Areopagiten. Dessen Werke kamen 827 in die Hände Ludwigs des Frommen und wurden unter Aufsicht Hilduins zwischen 832 und 835 übersetzt [1]. Unsere Datierung wäre danach kurz nach 835 festzulegen.

5. *Chronologie der marianischen Schriften Radberts.* Es erscheint ziemlich unmöglich, die drei ersten Pseudo-Ildefonspredigten, die wir Radbert zusprachen, vor 814, dem Verbannungsjahre Abt Adalhards, zu verlegen. Der geeigneteste Zeitpunkt wäre unmittelbar nach Rad-

[1] WATTENBACH-LEVISON 319 f.

berts Heimkehr aus Korvey, wo er sich an der neuen Klostergründung beteiligt hatte (821-23). Diese drei Predigten auf Mariä Himmelfahrt dürften in den Jahren 823-25 bei den Nonnen [1] von Soissons gehalten worden sein. Sie sind als Vorarbeiten für *Cogitis me* zu betrachten, denn sie verwenden das Wort *assumptio* immer wieder im alten Sinne von Tod, Heimgang [2]. Der Text erschöpft sich fast ganz im bloßen Kommentieren der liturgischen Texte oder der üblichen Schriftworte. Bei *Cogitis me* hingegen liegt eine viel reflexivere Arbeit vor, die eine lange Beschäftigung mit den betreffenden Fragen und bisherigen Lösungen voraussetzt [3]. Für den terminus ad quem des Traktates bleibt nach 825 noch ein Jahrzehnt übrig. Die Datierung selbst auf 835-836 dürfte wohl zutreffen.

Nach *Cogitis me* verfaßte Radbert den Kommentar zu Psalm 44, der auf den kurz zuvor erfolgten Tod Theodradas (846) anspielt [4]. Viel früher entstand die Überarbeitung des apokryphen Evangeliums *De nativitate*, die uns als Brief 50 des hl. Hieronymus an Paula (Theodrada) überliefert wurde [5]. Den Abschluß des marianischen Schrifttums bildet die Abhandlung *De partu*. Damals war Radbert schon sehr alt : « multo iam senio confectus » [6], aber noch immer bearbeitete er mariologische Probleme, um die bei den Nonnen von St. Marien auftauchenden Fragen der marianischen Frömmigkeit und Lehre zu beantworten, welche durch neueingeführte Liturgietexte und Rubriken, oder durch umlaufende Schriften apokrypher oder halbapokrypher Herkunft hervorgerufen wurden.

---

[1] Der Text bei Migne PL ist überarbeitet. Man vergleiche allein den häufigen Wechsel des Genus der Angesprochenen : Männer und Frauen.

[2] PL 96, 240 A, B ; 250 CD ; 256 D : *exuitur carne, assumpta de corpore, de carne evecta, assumptio de corpore.*

[3] Die Worte *qui vobis dudum* (vor Kurzem) *tractatibus loqui consueveram* (§ 1) weisen auf eine schriftliche Beantwortung von Fragen hin, und beziehen sich also nicht auf die drei Predigten.

[4] PL 120, 995 D.

[5] PL 30, 297 D - 305 B (307 A - 318 B) : « Petitis a me, ut vobis rescribam ».

[6] PL 120, 1367 B.

II. TEIL

TEXTAUSGABE

Unser Bemühen ging davon aus, unter den vielen Handschriften einige alte und gute Zeugen herauszusuchen, um den Text in Migne's *Patrologia Latina* Bd. 30 durch einen zuverlässigeren zu ersetzen. Durch seine Benutzung als liturgischer Lesestoff hat er ja viele Einbußen erlitten. Die Satzzeichen richteten sich nämlich weniger nach dem Sinn als nach gesanglichen Gesichtspunkten, die eben für den Vortrag bei der feierlichen Liturgie entscheidend waren. Der manchmal komplizierte Satzbau und das nicht sehr klassische Latein Radberts, die erwähnte Interpunktion und die Zerstreutheit der Abschreiber führten zu vielen Abänderungen im Text selbst.

1. Die benutzten Handschriften und Drucke

R = Bibl. Vaticana, cod. Reginen. lat. 318, f. 179r-195v.

Der Kodex zählt heute 258 Folien, hat aber nicht mehr seine ursprüngliche Gestalt : Teile von ihm findet man jetzt in Codd. Reg. 274, 585, 711 und in Cod. Bernen. 219 D. Das Format der Folien variiert stark von Heft zu Heft. Der Brief steht auf f. 179v-195v ; diese Folien haben 24 Zeilen bis f. 186v, 29 zwischen f. 187r und f. 194v und 34 von f. 195 an. Die Handschrift entstand in Fleury wenige Jahre nach Radberts Tod († um 865). Nach dem Urteil Prof. Bischoffs hat Dom Wilmart in seiner Beschreibung [1] die Schrift etwas zu spät datiert. Der Kodex enthält Werke des hl. Augustinus, vor allem aber Passiones und Vitae mit der Anordnung, daß die feierlichen Lesungen für den Sommer an erster Stelle stehen. Dem voranstehenden Inhaltsverzeichnis folgen Opuskeln bzw. Sermonen des hl. Augustinus und (f. 80 ff.) der erste Teil eines Passionale, sodann (f. 147-197) einige dem heiligen Hieronymus zugeschriebene Abhandlungen und Briefe, unter ihnen

[1] Wilmart, Codices Reginenses II 208-215.

(f. 179r-195v) eben die Epistola *Cogitis me*, und anschließend (f. 195 ff.) der zweite Teil des Passionale. Der Brief gilt hier als Lesung für den 15. August. Es erhebt sich die Frage, ob er als Teil des vorhergehenden *Corpus Hieronymianum* oder als Teil des folgenden *Sanctorale* gedacht war. Die unmittelbar anschließende *Vita Lifardi* wurde aber an dessen Fest, das heißt, am 3. Juli gelesen [1]. Dies beweist, daß man die Hieronymusbriefe zusammenhalten wollte und nicht so sehr auf das Kalendarium Rücksicht nahm. Möglicherweise stellte das auch einen Versuch dar, die angebliche Verfasserschaft des Hieronymus gegen die Zweifel zu schützen, die kurz vor der Entstehung dieser Abschrift aus Corbie laut wurden. Darauf lassen auch die oben erwähnten sechs Hexameter schließen, die von nicht viel späterer Hand am Anfang des Briefes beigefügt wurden, ja in dieser ältesten uns bekannten Handschrift überhaupt das erste Mal auftauchen. Über die Feier der Assumptio in Fleury ist uns aus dem 10. Jh. nur überliefert, daß sie zu den höchsten Festtagen zählte [2]. Die Einteilung in Lektionen wurde von mehreren Händen vorgenommen. Die älteste Einteilung in zwölf Lesungen auf f. 179v-183r stammt aus der allerersten Zeit, wenn nicht überhaupt von erster Hand ; eine spätere in acht Lesungen steht auf f. 189v-191v und in vier Lesungen auf f. 195. Der Kodex insgesamt ist ein guter Traditionszeuge. Dom Wilmart bemerkt bei der Ep. 127 des Hieronymus (f. 154v ff.), daß der dortige Text besser ist als der, den Hilbert im Wiener Corpus veröffentlichte (CSEL 55, 145-156). Auch für *Cogitis me* bietet Cod. *R* einen fast immer einwandfreien Text, weshalb wir ihn unserer Ausgabe zugrunde legen.

N = Paris BN lat. 18168, f. 11v-40v.

Dem Inhalt nach hat Meersseman diese Hs. ausführlich beschrieben und die Schrift vorsichtig in die erste Hälfte des 10. Jh. verwiesen [3]. Nach Bischoffs bewährtem Urteil entstand die Hs. aber im letzten Viertel des 9. Jh. im Nordosten Frankreichs, wohl im sog. Scriptorium

---

[1] Lebte um die Mitte des 6. Jh., war Mitgründer und 2. Abt von Meung sur Loire (LThK[1] VI 569).

[2] ALBERS V 147. « De collatione itur ad karitatem vini in refektorium, quae etiam fit in omnibus festivitatibus duarum vel plurium capparum et cum in crastino est ieiunium et in tribus primis diebus Octavarum Penthecostes ... Assumptionis virginis ... »

[3] MEERSSEMAN, Der Akathistos I 10-13 ; BARRÉ, RB 67, 11 und : Marianum 21 (1959) 295.

von Soissons. Falls sich dieses Scriptorium in St. Medard, dem großen Männerkloster befand, wäre 886 als terminus ad quem festzulegen, da in diesem Jahr das Kloster von den Normannen zerstört wurde. Der Text von *Cogitis me* zeigt hier viele Spuren wiederholter Überarbeitung und oft geänderter Einteilung in Lektionen auf ; beides war für den Text recht ungünstig.

M = Madrid, Bibl. Nacional Ms 196 (= B 3), f. 169va-179ra.

Homiliar beneventanischer Herkunft [1], 300 Folien, im 10. Jahrh., wohl in dessen zweiter Hälfte, entstanden. Dem Hieronymusbrief folgt unmittelbar Hinkmars *Carmen dogmaticum*, wie in mehreren Cassineser Handschriften, die aber alle jünger sind als *M*. Die beneventanische Tradition dürfte direkt auf die Reimser zurückgreifen, wie Traube bereits vermutet hat [2]. Der Text von *Cogitis me* weist manche Abkürzung auf, die vielleicht schon von Hinkmar vorgenommen war, beginnt aber ohne Titel und ohne die Widmungsverse.

Die Handschrift litt zum Teil durch Feuchtigkeit, so daß manche Partien nur mit Mühe lesbar sind ; die Einteilung in Lektionen ist fast ganz verschwunden. Unter NN. 98-102 steht der Lesestoff für die Assumptio : die Homilie des Paulus Diaconus « Sacrae lectionis series » (PL 95, 1569), die Predigt des Ambrosius Autpert (Ps.-Augustinus Sermo 208, PL 39, 2129), Radberts Brief, Hinkmars Carmen (ebenfalls ohne Titel) und Pseudo-Augustinus' Sermo 194 (PL 39, 2103), der hier für den Oktavtag der Assumptio vorgesehen ist.

C = Cambridge, Fitzwilliam Museum, Mc Clean Coll. 5, f. 199vb-214vb.

Ein Bibelkompendium, das nach James im 9. Jahrhundert geschrieben wurde [3]. Diese Datierung ist nach Bischoff zu früh ; Mitte des 10. Jahrhunderts wäre richtiger. Die Handschrift ist sicher französischer Herkunft, der Überlieferung nach aus S. Ilidius bei Clermont in der Auvergne. Unser Text ist doppelspaltig geschrieben mit 23 (mitunter 29) Zeilen. Unmittelbar nach dem Kompendium, das auf f. 192v mit der Apokalypse endet, steht bis f. 199ra Ambrosius Autperts Sermo (Ps.-Aug. 208) und sodann der Traktat *Cogitis me*, der f. 214vb in § 106

---

[1] Inventario General de Manuscritos de la Biblioteca Nacional I 150 ; Löwe, The Beneventan Scriptorium 341.

[2] MGH Poetae III 406 f.

[3] James, A Descriptive Catalogue of the Mc Clean Collection 5.

mit « habens prole fecundam et virginem perpetuam » abbricht. Die Einteilung in Lektionen wurde oft abgeändert, was für die Interpunktion hie und da verheerende Folgen hatte. Auf der letzten Seite (f. 214v) wurde der Schlußteil später (12.-13. Jh.) über den alten Text in einer sehr engen und kleinen Schrift neu geschrieben.

H = Paris, BN lat. 2873 A, f. 75r-95v.

Die Handschrift entstand in der zweiten Hälfte bzw. gegen Ende des 10. Jahrhunderts in Ostfrankreich, Westdeutschland oder der Westschweiz. Sie enthält Schriften von Hilduin, Eugen von Toledo, Hinkmar von Reims, Constantius presbyter, Sophronius, Lucianus und verschiedene Heiligenleben. Sie umfaßt jetzt 121 Folien, die erst im 17. Jahrhundert für die Königliche Bibliothek zusammengebunden wurden. In verschiedenen Heften, u. a. im Hieronymusbrief, sind Lücken festzustellen. Auf f. 95v bricht *Cogitis me* mit den Worten « venit sponsus » (§ 99) ab ; auf f. 96r fährt die zweite Hälfte der *Vita Mariae Aegyptiacae* fort. Die starke Vergilbung von beiden Seiten beweist, daß dieses Fragment der *Vita* lange für sich bestand und mit diesem Blatt begann. Die Schrift weist im ganzen Kodex farbige, oft unvollendete Initialen auf. Die Initien sind zum Teil Kapitalschrift, zum Teil in Unzialschrift [1].

B = Bamberg, Patr. 88 (B IV 20), f. 1r-16v.

Band von 84 Folien. Nach *Cogitis me* finden wir die *Passio s. Juliani* des Gregors von Tours (PL 71, 1103-1106), den Hohelied-Kommentar (PL 70, 1055-1106) des Haimo von Auxerre (Ps.-Cassiodor) und die Lobreden des Chrysostomus auf Paulus, lateinisch übersetzt von Anianus (PG 50, 472 ff.). Die Zusammenstellung der Handschrift ist erst spät erfolgt ; der Einband wurde für die Dombibliothek Bamberg verfertigt (alte Signatur : A 75), aber *Cogitis me* bildete ursprünglich ein Heft für sich. Überschrift in monumentaler Kapitalschrift. Die große blaue Initiale C umfaßt eine Federzeichnung, die später übermalt wurde. Zweispaltiger Text, jeweils 32 Zeilen [2]. Die Schrift weist auf Cluny hin ; dies wird bestätigt durch die Lesarten, welche *B* mit den anderen Cluniacenser Hss. gemeinsam hat, vor allem mit *D*.

---

[1] Bibliothèque Nationale, Catalogue général des manuscrits latins III, Paris 1952, S. 184 ff.

[2] LEITSCHUH 465-466.

Auf f. 16v ist am Schluß des Traktates folgendes Gedicht (Johannes des Malers ? Johannes von Aqui ?) auf Mariä Himmelfahrt zu lesen :

Emicat ecce dies cunctis veneranda per orbem,
In qua sancta dei transcendit culmina caeli
Virgo parens et virgo manens per aevum,
Sponsa patris, verbi genitrix templumque sanctitati
Spiritus immensi purgantis crimina mundi.
Christus ab arce poli cumptus diademate cosmi
Venit totus, ut ille sacer Hieronymus infit,
Excubias celebrans matris factor genitricis.
Ad patris usque thronum praedictam famine vatum
Evehit ipse suam secum super aethera matrem,
Quo residet regum rex et dominus dominantium.
Flos, decus atque salus mundi, via portaque lucis.
Adiutrix proprii Heinrici semper alumni
Sis foveasque tuum, domina, per saecula servum.

Zu bemerken ist, daß der Dichter in den Versen 7-12 ausdrücklich auf den vorhergehenden Ps.-Hieronymusbrief *Cogitis me* (§ 50 u. § 38) verweist. Der Name *Heinrici* (Vers 13) steht in unseren Hs.[1] auf Rasur ; der erste Name wurde so gründlich ausradiert, daß er auch mit spezieller Beleuchtung nicht mehr entziffert werden kann. Wahrscheinlich stand dort zunächt der Name *Ottonis* (Otto III. : 983-1002), statt dessen seines unmittelbaren Nachfolgers (Heinrich II. : 1002-1024). Das Gedicht wurde nach unserer Hs. in den MGH (Poetae V 468-9) herausgegeben ; unmittelbar vorher liest man dort ein anderes bekanntes Carmen auf Mariä Himmelfahrt (*Sancta Maria, quid est*), das sicher während Ottos römischen Aufenthaltes, wahrscheinlich von Papst Silvester II., im Jahre 1000 gedichtet wurde [2]. Beide Carmina dürften gleichzeitig entstanden und der Name Ottos in der Bamberger Hs. als der ursprüngliche betrachtet werden.

O = Oxford, Bodlean, Canon. Misc. 167, f. 93r-117r.

Die Handschrift enthält hauptsächlich *Vitae Patrum* und anschliessend ein Fragment des Protoevangeliums Iacobi [3]. Radberts Brief

[1] In anderen Hss. steht hier von erster Hand *Heinrici*.

[2] MGH Poetae V 466-468. Vgl. Jugie 364-366 ; Meersseman, Der Hymnos Akathistos I 162.

[3] Auf f. 92 ist deutlich lesbar « [ob]stetrix, et dixit Domine magne miserere ». Vgl. Otero 222 ff.

schließt f. 117r auf normale Weise, aber zwischen f. 116 und f. 117 fehlt ein ganzes Blatt [1]. Die Schrift ist nicht einheitlich, und an vielen Stellen fast unlesbar geworden. Der Text von *Cogitis me* ist infolge wiederholter Überarbeitung durch mehrere Schreiber nicht nur orthographisch verdorben. Der Kodex stammt aus Italien. Coxe datiert ihn etwas schwankend in das 10. Jahrhundert [2]. Die jüngste Schrift verweist Bischoff ins 11. Jahrhundert.

D = Paris, Bibl. Nat., nouv. acq. lat. 1455, f. 90v-105r.

Ein Vergleich mit *B* weist einige Textverwandtschaft zwischen beiden Codd. auf ; sie vertreten die Cluniacenser Tradition. Überschrift und Varianten stimmen weitgehend überein. Als Entstehungszeit gibt Delisle das 11. Jahrhundert an [3], was Bischoff als zu spät betrachtet ; sie dürfte wohl auf die Mitte des 10. Jahrhunderts fixiert werden [4].

L = S. Hieronymi Epistola IX, PL 30.

Der betreffende Band erlebte zwei verschieden paginierte Auflagen. Text in der 1. Auflage (Paris 1846) auf Spalten 122-142, in der 2. Auflage (Paris 1865) auf Spalten 127-147. Migne druckte hier D. Vallarsi's *S. Eusebii Hieronymi Opera Omnia*, t. 11 (Verona 1742), p. 92 ff. einfach ab. Vallarsi hatte wenigstens zwei Handschriften, davon eine mit einem « vetustissimum Martyrologium Hieronymianum » benutzt, so daß in PL hie und da zwischen Klammern eine Variante mit *alibi* oder mit *Mart.* angeführt wird.

P = Homiliar des Paulus Diaconus, Hom. XLVI, PL 95.

In der erweiterten Fassung des Homiliars von Paulus Diaconus (PL 95, 1497-1505) finden sich von Radberts Traktat die Abschnitte §§ 23-64, § 106 und die zweite Hälfte von § 108 (« Malui - requisitus »). Dieser Text ist hie und da besser als *L* und bestätigt einige Lesarten aus *R*. Der Abschreiber hat § 24 *dilectissimae* und § 35 *carissimae* in *dilectissimi* bzw. *carissimi* umgeändert, aber in § 43 *sanctissimae vir-*

---

[1] Schriftliche Mitteilung von Mr. A. B. Scott am 15. Juni 1961.

[2] Coxe 541.

[3] Delisle, Fonds de Cluny 101.

[4] Briefliche Mitteilung vom 25. Aug. 1961 : « Diese Datierung würde mir für die Minuskel von f. 103r-104r einfach zu spät erscheinen ; ich würde etwa an die Mitte des 10. Jh. denken. »

gines und in § 50 *dilectissimae* stehen lassen. Dieselbe Verwechslung bzw. unvollständige Umarbeitung fällt auch bei den Ps.-Ildefons-Sermonen *In assumptione* auf [1].

2. Überschrift in den Handschriften und Drucken

Radberts pseudo-hieronymianischer Brief trägt in den verschiedenen Handschriften einen eigenen Titel. Die Überschriften lauten bei den erwähnten Zeugen folgendermaßen :

R Vat. Reginen. lat. 318, f. 179r : « Epistola beati Hieronymi presbyteri ad Paulam et Eustochium de assumptione sanctae Mariae uirginis. »

N Paris, BN lat. 18168, f. 11v : « Incipit sermo beati Hieronimi ad Paulam et ad uirgines sub ea degentes. »

H Paris, BN lat. 2873 A, f. 75r : « Incipit sermo sancti Ieronimi presbyteri ad Paulam et Eustochium de assumptione sanctae Dei genetricis Mariae. »

D Paris, BN n. acq. lat. 1455, f. 90v : « Incipit sermo beati Hieronimi presbiteri ad Paulam et Eustochium missus de assumptione beatae et gloriosae semper uirginis Dei genetricis Mariae. »

B Bamberg, Staatliche Bibliothek, Patr. 88, f. 1v : « In nomine Domini incipit sermo beati Hieronimi ad Paulam et Eustochium missus de assumptione sanctae Mariae matris Domini. »

C Cambridge, Fitzwilliam Mus., Mc Clean Collection 5, f. 199vb : « Incipit sermo sancti Jeronimi in assumptione sanctae Mariae, ad Paulam et Eustochium. »

M Madrid, Biblioteca Nacional Ms 194 (= B 3) f. 169va : Ohne Überschrift.

O Oxford, Bodleian Library, Canonic. Misc. 167, f. 93r : « Sermo sancti Yeronimi presbyteri, ad Paulam uiduam, et Eustochium uirginem, matrem et filiam, de assumptione beatae Mariae, perpetuae uirginis. »

L Migne, Patrologia Latina 30[1], 122 C : « Epistola IX. Ad Paulam et Eustochium De assumptione beatae Mariae Virginis. »

---

[1] PL 96, 239 A : « Hodie, dilectissimi fratres ... » ; 239 C : « charissimae » ; 240 A : « dilectissimae » ; 242 B : « o filii », 242 C : « filii », 245 A : « o filiae » ; 250 C : « Charissimae » ; 251 A : « fratres » ; 251 D : « dilectissimi ».

3. Editionsregeln

Von den beiden ältesten Handschriften *RN* haben wir unserer Ausgabe den zuerst beschriebenen *Cod. R* zugrunde gelegt, weil der Text dort am besten erhalten ist. Wir brauchten ihn nur an wenigen Stellen durch eine Lesart aus anderen Zeugen zu berichtigen. Sonst haben wir im Text überall *R* reproduziert. Allerdings haben wir uns erlaubt, die heutige Schreibweise zu adoptieren, denn die Handschriften und *R* selbst ignorieren jede Spur von Einheitlichkeit ; deshalb haben wir alle Varianten dieser Art weggelassen. Nur das *u* statt *v* ließen wir jeweils stehen. Die eigenen Lesarten aus *LP* und den anderen Handschriften werden im ersten Apparat angegeben [1]. Den etwas ungelenken Stil Radberts haben die meisten Abschreiber nicht immer verstanden, sondern ihn hie und da durch Verschlimmbesserungen bzw. klassischer erscheinende Formeln verunstaltet.

Um die Verweise zu erleichtern, haben wir die Absätze fortlaufend numeriert. Bei der Abgrenzung dieser Abschnitte ließen wir uns vom Sinn her bestimmen, nicht von der Einteilung in Lektionen wie in den Handschriften oder in *LP*.

Im zweiten Apparat sind die Zitate und sonstige Verwendungen der Heiligen Schrift identifiziert.

Der dritte Apparat bringt die von Radbert benutzten Quellen bzw. Texte, die er vielleicht gelesen hat. Wir bezweifeln nicht, daß dieser Quellennachweis hie und da ergänzt werden könnte ; andere Forscher werden wahrscheinlich noch Stellen entdecken, die Radbert anderswo gelesen hat.

Im gleichen Apparat bringen wir auch die Parallelen aus Radberts anderen marianischen Schriften. Für seine Kommentare zu Matthäus und Psalm 44 verweisen wir auf PL 120, für seine drei Sermonen auf PL 96 (Pseudo-Ildefons) 239-257. Sein *Libellus de partu virginis* steht in PL 120, 1367-1386, aber auch in PL 96, 207-235, wo sogar ein besserer Text geboten wird.

[1] Bei wichtigen Korrekturen in den Hss. selbst versehen wir die Sigel der betreffenden Hs. mit einem Exponenten, z. B. R^1, R^2.

EPISTOLA BEATI HIERONYMI
AD PAULAM ET EUSTOCHIUM
DE ASSUMPTIONE SANCTAE MARIAE VIRGINIS

1. Cogitis me, o Paula et Eustochium, immo caritas Christi me compellit, qui uobis dudum tractatibus loqui consueueram, ut nouo loquendi genere, sanctis, quae uobiscum degunt, uirginibus latino utens eloquio, exhortationis gratia sermonem faciam de assumptione beatae et gloriosae semper uirginis Mariae, more eorum qui declamatorie in ecclesiis solent loqui ad populum, quod utique genus docendi necdum attigeram.

2. Sed quia negare nequeo quicquid iniungitis, nimia uestra deuinctus dilectione experiar quae hortamini affectu, infantium more bal-

---

7 utentes *NCHMO* || 11 devictus *LNBCDM* || 12 ortaris N²

4-5 2 Cor 5,14 ; 12,1

---

§ 1. *Cogitis me.* CLAUDIUS VON TURIN († um 827), Widmung seines Leviticus-Kommentars an Abt Theodemir (PL 104, 615 C) : « Cogis me et compellis ». – M. VATASSO, Initia Patrum I, Rom 1908, S. 140 f. kennt neun weitere Initien mit « Cogis me ».

Uobis dudum tractatibus loqui consueueram. Welche Traktate hier gemeint sind, ist nicht leicht zu bestimmen. Der Kommentar zu Ps. 44 wurde, laut der Widmung, nach dem Rücktritt Radberts als Abt von Corbie abgeschlossen (PL 120, 993-44). Den Traktat De partu virginis schrieb RADBERT noch später : « iam senio confectus » (PL 120, 1057 C). Vielleicht handelt es sich um die Epistola Ps.-HIERONYMI 50 De nativitate b. Mariae (PL 30, 207 ff.) und irgendeine andere Schrift, aber wahrscheinlich gehört die Formel zur gesamten Fiktion, sodaß Radbert *ex persona Hieronymi* auf andere Werke des Kirchenvaters anspielt.

§ 2. *Infantium more balbutientium.* HIERONYMUS über die Ur-Paula in Ep. 108,26 (CSEL 55, 345) : « Paulam neptem suam ... audierat in cunis et crepitaculis balbutiente lingua alleluia cantare ». Ähnliches in Ep. 22,29 ; 60,1 ; 107,1.

butientium, qui quaecumque audierint, fari gestiunt, cum necdum possint ad plenum uerba formare, maxime quia propter simpliciores quasque id me depromere compellitis, ut habeant sermone latino, quibus se occupent laudibus ex eadem die quibusue diuinis uacent lectionibus, praesertim cum et eadem in multis festiuitatibus multorum sanctorum patrum studia miro cuderunt eloquio, quae de hac quidem uberius ubique in scripturis diuinis praedicata leguntur.

3. Quid enim aliud sonant euangelia, nisi nascentem Dominum ex Maria uirgine, et omnia eius incrementa, quousque fuit in mundo dumtaxat, diuinis efferunt praeconiis. Porro ab exordio sancti euangelii Gabrielem archangelum colloquentem Mariae audistis, et deinceps reliqua omnia plenius legistis.

4. Ad praesepe quoque, o Paula, te teste, nato puero multitudinem angelorum inter crepundia noui partus et querelas nescii ploratus, pro fescenninis 'Gloria in excelsis Deo et in terra pax hominibus bonae uolontatis' cantantem audisti, et radiantem stellam uidisti.

3 quosque *BCD* | habeat *L*, *add.* sanctum collegium uestrum *L* || 4 occupet *L* | ex *om. L* | vacet *L* || 6 cudere *C*, cuderint *L* || 7 quidem *LNDM*] quaedam *RBCO* || 8 Dom. nascentem *L* || 10 efferunt] asserunt *N*, efferuntur *C* || 11 audistis] didicistis *L* || 13 mult. ang. *om. L* || 14 crepundias *RN*[1] || 15 ploratus *add.* et *H* | gloriam *HC* || 16 uoluntatis *add.* multitudinem angelorum *L* | cantantium audivisti *L*, cantare audivisti *H*

8-9 Lc 2,14 || 15 ff. cf. Mt 2,2-12 ; Lc 2,20

Eadem cuderunt eloquio. Von seiner Lobschrift über die Ur-Paula sagt HIERONYMUS, Ep. 108,2 (CSEL 55, 308): « in cuius [Eustochiae] consolationem libellus hic cuditur ».

Praedicata leguntur. Sehr oft gebraucht Radbert das Zeitwort *praedicare* im Sinne von öffentlich loben, wie bei HIERONYMUS, Ep. 108,4 (CSEL 55, 309) : « Nos laudamus, qui pro salvatore ista despexerint, et mirum in modum quod habentes parui pendimus, si habere noluerint, praedicamus ».

§ 3. *Ab exordio sancti euangelii.* Vgl. unten § 74.

§ 4. HIERONYMUS, Ep. 108,9 über den Besuch der heiligen Stätten durch die Ur-Paula, vor allem CSEL 55, 316 : « Me audiente iurabat cernere se fidei oculis infantem pannis involutum vagientem in praesepe, dum magos adorantes, stellam, fulgentem desuper, matrem virginem, nutricium sedulum, pastores nocte venientes ut viderent verbum », und 318 : « Iuxta quam Iacob pavit greges suos et pastores nocte vigilantes audire meruerunt 'Gloria in excelsis deo ... voluntatis' ».

Crepundia. ALDHELM VON SHERBORNE, De laudibus virginitatis 46 (PL 89, 146 C): « indisrupta castitatis crepundia ... conservavit ». HIERONYMUS, Ep. 108,3 (CSEL 55,308): « ab incunabulis eius ipsisque, ut ita dicam, crepundiis » etc.

Pastoribus insuper euangelizantibus credidisti, magos praeterea tria deferentes munera in uisione beatis oculis conspexisti. Ipsa eadem munera bene intellegendo uotis omnibus fide Deo obtulisti, nam et cum eisdem magis Deum puerum in praesepi adorasti.

5. Sed forte conquesta me delatorem, quod te prodiderim, clamabis. Ad quod ego : Si celatum esse uolebas, teste conscientia, mihi narrare, ante praesepium ubi plurimum lacrimata es, non deberes. Quod ut uerum fatear, Christi praeconia, etiamsi uoluero, adiuratus, neque tuas laudes omnino tacere queo. Idcirco tuae te interrogent filiae, quas lacte nutris ; tu ea melius reserabis, quae nescio, si per speciem aliquam, certe aut in spiritu uidisti. Unde uos, o filiae, pulsate matrem precibus; pulsate ad ostium inuitantis amici, si quomodo tandem uobis aperiantur, quae reserata sunt matri.

6. Uerumtamen de his quid plura dicam ? Omnia saluatoris gesta et beatae Mariae obsequia necnon actus uitae ex euangelio didicistis ! Et nunc quid superest, ut ab aliquo doctorum requiratis ?

7. De assumptione tamen eius, qualiter assumpta est, quia uestra id deposcit intentio, praesentia absens scribere uobis curaui, quae absentia praesens deuotus obtuli, ut habeat sanctum collegium uestrum in die tantae sollemnitatis munus latini sermonis, in quo discat tenera infantia lactis experiri dulcedinem, et de exiguis eximia cogitare, qualiter fauente Deo per singulos annos tota haec dies expendatur in laudem et cum gaudio celebretur, ne forte si uenerit uestris in manibus illud apocryphum de transitu eiusdem uirginis, dubia pro

---

4 praesepe *BND*, praesepio *LH* || 5 quod] qui *alibi* quod *L* || 7 debueras *L* | Quod] quoniam *N* || 8 etiamsi] necnon si *M* || 9 queo] nequeo *M* || 10 tu ea] tua *N* || 11 certe aut] aut certe *L*, certam *H* || 12 tandem] eadem misteria *H* || 17 assumtione *add.* beatae uirginis Mariae *M*, *add.* eiusdem tamen beatae Dei genitricis semperque virginis Mariae *L* || 18 intentio] oratio *L* || 24 manus vestras *L*

---

§ 5. *Plurimum lacrimata es.* Zu den Tränen der Ur-Paula vgl. HIERONYMUS, Ep. 108 (CSEL 55, 326) : « Cumque a nobis crebrius moneretur, ut parceret oculis et eos servaret evangelicae lectioni », und Ep. 45 (CSEL 54, 325) : « fletibus paene caecata ».

§ 7. *Apocryphum de transitu.* AMBROSIUS AUTPERT, Sermo in Ass. (Ps.-Augustinus, Sermo 208 § 2 ; PL 30, 2130) : « Sicut iam in consuetudinem Christi suscepit Ecclesia, hodierna die ad coelos assumpta fuisse traditur virgo Maria. Sed quo ordine hinc ad superna transierit regna, nulla catholica narrat historia. Non solum autem respuere apocrypha, verum etiam ignorare dicitur haec eadem Dei Ecclesia. Et quidem sunt nonnulla sine auctoris nomine de eius

certis recipiatis, quod multi latinorum pietatis amore, studio legendi, carius amplectuntur, praesertim ex his cum nihil aliud experiri potest pro certo, nisi quod hodierna die gloriosa migrauit a corpore.

8. Monstratur autem sepulcrum eius cernentibus nobis usque ad praesens in uallis Iosaphat medio, quae uallis est inter montem Sion et montem Oliueti posita, quam et tu, o Paula, oculis aspexisti, ubi in eius honore fabricata est ecclesia miro lapideo tabulatu, in qua sepulta fuisse, ut scire potestis ab omnibus, ibidem praedicatur ; sed nunc uacuum esse cernentibus ostenditur.

---

2 possit *L* || 7 lapide tabulata *L*, lapide tabulatu *M* || 8 ab hominibus *OM* || 9 esse *add.* mausoleum *L*

---

assumptione conscripta, quae, ut dixi, ita caventur, ut ad confirmandam rei veritatem legi minime permittantur. Hinc sane pulsantur nonnulli, quia nec corpus eius in terra invenitur, nec assumptio eius cum carne, ut in apocrypha legitur, in catholica historia reperitur. Quibus dicendum est, quia si Moysi corpus ab homine non invenitur in terris, cum quo locutus est Deus facie ad faciem, illius quaerere dementiae est, per quam idem maiestatis Deus incarnatus effulsit in terris. Neque enim dignum est de corporis eius notitia sollicitum quempiam esse, quam non dubitat super angelos elevatam cum Christo regnare. Sufficere debet tantum notitiae humanae hanc vere fateri reginam coelorum, pro eo quod regem peperit angelorum ». Anlaß zur Anspielung auf den *transitus Mariae* war der Vers eines Resp. in Assumpt. (PL 78, 798 C) : « Haec est b. v. Maria ad cuius *transitum* apostoli praestaverunt obsequium ». Über die verschiedenen Fassungen des apokryphen *Transitus* vgl. Stegmüller I 135 ff., Nr. 164, 1-38 ; Lausberg, op. cit. ; Reinisch, op. cit. ; Wenger, op. cit. ; Jugie, La mort et l'assomption 103-158 ; Balic 141 ff., Nr. 98.

Migravit a corpore. Resp. in Ass. (PL 78, 798 C) : « O quam pulchra ... que de mundo migravit ad Christum ». Bei Ambrosius (unten Anm. zu § 90) und Isidor (De ortu et obitu patrum 67 ; PL 83, 148 D) : « migrare ex (ab) hac vita ». Andere Formeln Radberts : Sermo 1 (PL 96, 240 A) : « Hodierna die completis omnibus coelo assumitur, exuitur carne, caelesti gloria vestitur » ; Sermo 2 (PL 96, 250 C) : « Hodie de terra exaltata et de carne evecta cum triumpho et exultatione suscepta est in coelo et collocata in paradiso » ; Sermo 3 (PL 96, 256 D) : « Festivitas hodierna ... eius est assumptio a corpore, ex qua orta est veritas et iustitiae ». Vgl. Jugie 270, Anm. 2.

§ 8. Adamnan von Hy, De locis sanctis (CSEL 39, 240) : « Sanctorum locorum sedulus frequentator, sanctus Arculfus, sanctae Mariae ecclesiam in valle Iosaphat frequentabat, cuius dupliciter fabricatae inferior pars sub lapideo tabulato mirabili rotunda structura est fabricata, in cuius orientali parte altarium habetur, ad dexteram vero eius partem sanctae Mariae saxeum inest vacuum sepulchrum, in quo aliquando sepulta pausavit. Sed de eodem sepulchro quomodo vel quo tempore aut a quibus personis sanctum corpusculum eius sit sublatum, vel quo loco resurrectionem expectat, nullus, ut fertur, pro certo

9. Haec idcirco dixerim, quia multi nostrorum dubitant, utrum assumpta fuerit simul cum corpore, an abierit relicto corpore. Quomodo autem uel quo tempore, aut a quibus personis sanctissimum corpus eius inde ablatum fuerit uel ubi transpositum, utrum uere surrexerit, nescitur, quamuis nonnulli astruere uelint eam iam resuscitatam et beata cum Christo inmortalitate in caelestibus uestiri.

10 Quod et de beato Iohanne euangelista eius ministro, cui uirgini a Christo uirgo commissa est, plurimi asseuerant, quia in sepulcro eius, ut fertur, nonnisi manna inuenitur, quod et scaturrire cernitur. Uerumtamen quid horum uerius censeatur, ambigimus ; melius tamen Deo totum, cui nihil impossibile est, committimus, quam aliud temere definire uelimus auctoritate nostra, quod non probamus.

---

2 abierit *R^1L*] obierit *R^2 et cet. codd.* || 2-3 Quomodo tempore] qualiter autem migrauerit a corpore *BD* || 4 utrum vere] utrumne *L* || 5 resurrexit *LH* | astruere asseuerare *H* | iam *om. C* || 7 Quod] quae *OM* || 10 horum *om. C, add.* utrum *M* || 11 alius *RNBD*] aliquid *H*, ut *M*, ut aliquid *L* || 12 probemus *L*

---

7 f. cf. Jo 19,27

---

scire potest ». Adamnans Schrift war in Corbie, jetzt Paris BN lat. 13048 (9. Jh.). BEDA (CSEL 39, 309) : « In eadem valle sanctae Mariae rotunda est ecclesia, lapideo tabulato discreta, cuius in superioribus quattuor altaria, in inferiori unum habetur in orientali plaga, et ad eius dexteram monumentum vacuum, in quo sancta Maria aliquandiu pausasse dicitur, sed a quo vel quando sit ablata, nescitur ». Ps.-CHRISTIAN VON STABLO oder Ps.-DRUTHMAR VON AQUITANIEN, Expositiuncula in Ioh. Ev. (PL 106, 1520 A) : « Sepulchrum sanctae Mariae est in valle Iosaphat in basilica, in qua aliquando sepulta fuit. Sed de eodem sepulchro quomodo vel quo tempore aut a quibus personis sanctum corpusculum eius sit ablatum, nullus potest referre pro certo ». ISIDOR, De vita et obitu patrum, c. 47 (PL 83, 149 A) : « Dum tamen reperiatur eius sepulchrum, ut aliqui dicunt, in valle Josaphat ».

§ 9. *Utrum assumpta fuerit cum corpore, an abierit relicto corpore.* Vgl. AMBROSIUS AUTPERT, Sermo in Assumptione (Ps.-Augustinus, Sermo 208 ; PL 39, 2130) : « Vera autem de eius assumptione sententia haec esse probatur, ut secundum apostolum sive in corpore sive extra corpus (2 Cor. 12,2) assumptam super angelos credamus ».

Astruere. Vgl. Anm. zu § 12 *Inconsulte definire.*

§ 10. Über die Aufnahme des Johannes in den Himmel vgl. JUGIE, La mort et l'assomption 710-26 (Excursus D).

Scaturrire. Typischer Ausdruck in den Johannes-Viten, z. B. ISIDOR, De ortu et obtitu patrum 72 (PL 83, 152 A).

Quod non probamus. Zur Frage wie Maria die Welt verließ, führt AMBROSIUS AUTPERT (PL 39, 2130 § 3) das argumentum ex silentio beim Apostel Johannes

11. Sicuti et de his, quos cum Domino, teste euangelio, resurrexisse credimus, sed utrum redierint in terrae puluerem, certum non habemus, nisi quod legimus, quia 'multa corpora sanctorum, qui dormierant, surrexerunt ac uenerunt in sanctam ciuitatem scilicet Hierusalem et apparuerunt multis'. De quibus profecto nonnulli doctorum senserunt, etiam et in suis reliquerunt scriptis, quod iam in illis perpetua sit completa resurrectio. Fatentur enim, quod ueri testes non essent, nisi et uera esset eorum resurrectio.

12. Unde et beatus Petrus dixisse legitur, cum de Dauid loqueretur in testimonium: 'Et sepulcrum, inquit, eius apud nos est', quasi non sit ausus dicere, quod ipse aut corpus eius apud nos est, sed tantum sepulcrum, quo conditus fuerat. Hinc aiunt resurrexisse et ipsum cum ceteris sanctis, et ideo uacuum remansisse mausoleum,

---

2 creditur *NHMO* || 4 scilicet *om. NB* || 10 est *om. N* || 13 ipsum] eum *L* | ideo] idem *H* | mausoleum] monumentum *NCOMH*

---

3 ff. Mt 27,52 f. || 10 Act 2,29

---

an: « Cum nec ipse qui hanc (Mariam) accepit ante crucem Domini in sua, idest Johannes evangelista, de hoc posteris aliquid retinendum in scriptis mandaverit. Nullus enim hoc fidelius narrare potuit, si illud Deus manifestari voluisset, quam ille utique, qui hanc nutriendam suscepit, nec contra morem filius matrem reliquit. Restat ergo ut homo mendaciter non fingat apertum, quod Deus voluit manere occultum ».

Certum non habemus. Geiselmann 366 f. bringt diese Stelle in Gegensatz zu Radberts Matthäuskommentar (PL 120, 965 D - 966 A): « quod satis devote una cum quibusdam sanctis doctoribus suspicamur ». Eine Entwicklung in der Auffassung Radberts zwischen 830 und 860, von *certum non habere* bis *deuote suspicamur* ist ohne weiteres denkbar. Vgl. Weisweiler 351, Anm. 189.

§ 11. *Nonnulli doctorum.* Wer hier gemeint ist, wissen wir nicht. Vgl. aber Rhabanus Maurus, in Mt 27,52 (PL 107, 1144 B): « Ad testimonium ergo dominicae resurrectionis multa corpora sanctorum resurrexerunt, ut Dominum videlicet Jesum ostenderent resurgentem, et tamen cum monumenta aperta sunt, non ante resurrexerunt quam Dominus resurgeret, ut esset primogenitus resurrectionis ex mortuis. Qui enim resurgente Domino resurrexerunt a mortuis, etiam ad caelos ascendente simul ascendisse credendi sunt. Neque ulla ratione illorum temeritati fides accomodanda, qui eos postea reversos in cinerem ac denuo in monumentis, quae pridie patefacta sunt, ab eis, quibus paulo ante vivi apparuerunt, more mortuorum putant quidam esse conclusos ». – Zur Deutung und Geschichte der Matth.-Stelle vgl. Zeller, op. cit.

§ 12. *Mausoleum.* In gewissen späteren Hss. wurde hier ein Einschub gemacht, z. B. in Clm 17041 (XII s. in.) f. 86v und Clm 701 (XIV s.) f. 160ra: « Ieronimus contra Iouinianum: Arthemisia uxor mausolei regis insignis pudi-

uti nunc beatae Mariae cernitur. Quod sane factum et de aliis quibuslibet locis scripturarum firmare conantur, quod hi iam cum Christo regnent resuscitati in aeterna societate. Quod, quia Deo nihil est inpossibile, nec nos de beata Maria factum abnuimus, quamquam propter cautelam, salua fide, pio magis desiderio opinari oporteat quam inconsulte definire, quod sine periculo nescitur.

13. Unde de his, ex quibus certi sumus, tantisper loquamur ad exhortationem uestram, qualicumque sermone, ad aedificationem et laudem nominis Dei, ut et religio conseruetur pro famulatu, et deuotio augeatur pro affectu. Quoniam haec est uirgo sola, quae interemit uniuersam haereticam prauitatem, sola sit post Deum, quae nos

---

1 uti nunc] ut hunc *L*, ut in hoc *CH*, ut hoc *M*, ut hoc beatum *O* | de] in *H* || 2 firmare] affirmare *L* || 3 resuscitati *om. BD* || 4 Maria *add.* Uirgine *LH* || 6 definire *LNH*] definiri *cet. codd.* || 10 quae *om. B*, quae sola *L* || 11 sit *om. L*

---

citie fuisse perhibetur. Quae, cum esset regina Carie, maritum defunctum sic semper amauit ut uiuum, et mirae magnitudinis ac pulchritudinis extruxit sepulchrum, intantum ut usque hodie omnia sepulchra pretiosa ex nomine eius manu solea nuncupentur ». Bei Hieronymus selber, Adv. Iov. I, 44 (PL 23, 286 BC) heißt es : « Artemisia quoque uxor Mausoli insignis pudicitiae fuisse perhibetur. Quae cum esset regina Cariae, et nobilium poetarum atque historicorum laudibus praedicetur, in hoc vel maxime effertur, quod defunctum maritum sic semper amavit ut vivum, et mirae magnitudinis extruxit sepulcrum, in tantum ut usque hodie omnia sepulcra pretiosa ex nomine eius mausolaea nuncupentur ». – Vgl. Isidor, Etymol. XV 11,3 (PL 82, 552 A), der wie Hieronymus eine Tradition der Klassiker (Cicero, Plinius, Sueton) weitergibt.

Inconsulte definire, quod sine periculo nescitur. Aus persönlicher Neigung zu einem negativen Urteil verwendet Radbert ähnliche Worte bei umstrittenen Fragen in seinem Mt-Kommentar, z. B. über den bethlehemitischen Kindermord (PL 120, 142 B) : « Quod nos non astruimus, quia quod in scripturis sanctis non legimus, melius ignorare quam temere definire credimus » ; über die Sterndeutung (PL 120, 128 D) : « Unde quidam Spiritum Sanctum per stellam velut in columba visum fuisse astruunt, quod omnino Evangelium non loquitur, neque probabile aut verisimile videtur ».

§ 13. *Haec est uirgo sola quae etc.* Ähnlicher Satzbau bei Ambrosius Autpert, Sermo in Ass. (Ps.-Aug. 208 § 4 ; PL 39, 2130) : « Haec est quae sola meruit mater et sponsa vocari ».

Interemit uniuersam haereticam prauitatem. Abwandlung der Antiphon (PL 78, 746 B u. 799 A), bzw. des Responsoriums (ibid. 789 C) : « Gaude, Maria virgo, cunctas haereses sola interemisti, quae Gabrielis archangeli dictis credidisti, dum virgo Deum et hominem genuisti, et post partum virgo inviolata permansisti ». Nach Brou, Marie destructrice 240, lag das Resp. schon im 3. Viertel des 8. Jh. in Italien vor. Ein Bearbeiter der Assumptionspredigt Autpert's (PL 101, 1303 A) zitiert es : « Cunctas haereses sola interemit, quae Gabrielis archangeli

confirmet in omni ueritate suisque commendet meritis et precibus auxilietur, et ut ipsi digni inueniamur in eius laudibus.

14. Quod si quaeritur, post ascensionem Domini quid egerit, unum pro certo est, quia uirgo sancta corpore ac mente permansit. Quam sane angelus Gabriel acsi caelestis paranimphus intactam custodiuit, et Iohannes, apostolus atque euangelista, cui Christus eam de cruce commisit, uirgo uirginem seruauit suisque ei deseruiuit obsequiis.

15. Non quod eximius ille sanctorum chorus apostolorum deseruerit eam, inter quos post resurrectionem intrans et exiens familiarius contulit de Christi incarnatione, tanto siquidem uerius, quanto ab initio plenius per Spiritum Sanctum cuncta didicerat et perspexerat oculis uniuersa, licet et apostoli per eundem Spiritum Sanctum omnia cognouerint et in omnem edocti peruenerint ueritatem.

16. Quam sane beatam uirginem, etsi omnes uenerati sunt discipuli eique famulabantur officio dilectionis, Iohannes tamen amplius ac

---

2 ut] et *L* || 6 eandem in cruce *C*, eadem *M* || 7 ei *om. NCHO* || 9 eam *om. R* || 15 officio] affectu *L* | eique] ei *O*, eiusque *M*

---

6 cf. Jo 19,27. || 11 cf. 1 Jo 1,1

---

dictis credidit ». LEO M. (PL 54, 875 A) sagt vom Glauben von Chalcedon : « Cuius (Ecclesiae) fides omnes quidem haereses destruit ». Vgl. auch PL 54, 857 B. – Verwandte Ideen bei BEDA (PL 95, 88 C). – Parallele bei RADBERT selber, De partu (PL 96, 207 A) : « Pro ea (propterea : PL 120, 13667 C) vero contra haereticam pravitatem dimicare ac vincere opus est Spiritus Sancti et virtus altissimi, qui eam obumbravit ». SCHEFFCZYK 360 f. versucht, die Stellen bei Radbert von Gen. 3,15 her zu erklären.

§ 14. *Uirgo sancta corpore ac mente.* AMBROSIUS, De virginibus 2,2 (PL 15, 220 B) : « Virgo erat non solum corpore sed etiam mente ».

Paranymphus, von RADBERT für den Vorläufer Christi verwendet, war vielleicht eine alte Übersetzung von « Freund des Bräutigams » (Jo 3,29). – Ps.-VENANTIUS (Carm. Spur., App. I 32,5 ; MGH Auct. ant. IV 379) verwendet den Ausdruck für Gabriel, Ps.-AUGUSTINUS (Sermo 47 ; PL 39, 1838 B) für Raphael, ALDHELM VON SHERBORNE (PL 89, 120 C u. 245 D ; MGH Auct. ant. 15, 253) und ALKUIN (MGH Poetae I 1,315) für Johannes den Täufer ; RHABANUS MAURUS (MGH Poetae II 192) für Petrus. Über die Verwendung im MA vgl. BERNARDS 62 f. ; im germanischen Bereich vgl. SCHEFFCZYK 268, Anm. 154.

Cui eam de cruce commisit – deseruiuit obsequiis. BEDA, Homilia I 8 (CCL 122, 62) : « Huic moriturus in cruce matrem suam commendavit, ut virginem virgo servaret, et ipse post mortem ac resurrectionem caelos ascendente non deesset eius genitrici filius, cui casta vita castis eius tueretur obsequiis ».

specialius usque ad finem uitae, qui sibi commissam 'accepit in suam' quasi matrem filius, cui benignus magister de cruce : 'Mulier, inquit, ecce filius tuus', ad discipulum autem : 'Ecce mater tua', ut uirgo uirgini cohaereret et deseruiret officiosissime cura adoptionis. Non enim pudicissima uirginitas alicui discipulorum rectius quam uirgini commendatur, ut esset ad inuicem grata societas et floridus aspectus necnon et uenustus conuersandi uernans alternatim pudicitiarum splendor decoratus. Una siquidem uirtus uirginitatis in ambobus, sed altera proportio in Maria. Altera quidem, quia fecundior, sed ipsa. Ipsa uero, sed altera, quia etsi ipsa eademque incorruptio, tamen fecunditas integritatis longe gloriosior quam uirginitas. Idcirco et fecunditas in illa tota deifica est et uirginitas, alioquin nusquam secundum naturam nascendi uirginitas, ubi fecunditas praedicatur, neque fecunditas, ubi uirginitas integra conseruatur.

17. Ideoque totum superexcellit de illa quae dicuntur, quia sunt diuina atque ineffabilia. Unde uirginitas et fecunditas prolis supereminens nouitas est, quamquam humanum cernatur, ex carne quod

1 usque] adque *C* | usque-uitae *om.* *H* | ad] in *L* | sua *H* || 4 et] ut *NM* || 7 venustus *codd.*] venustas *L* || 8 splendor decoratus *RNBCM*] splendor decorus *D*, splendore decoratur *L*, splendore decoratus *H* || 12 deificata *NBD* || 12-13 Alioquin – nasc. virginitas *om.* *M*

1 Jo 19,27 (acc. in sua) || 2 f. Jo 19,26 f.

§ 16. *Uirginitas ... uirgini commendatur, ut esset ad inuicem grata societas.* Petrus Chrysologus, Sermo 49 (PL 52, 339 B) : « Numquam enim contra pietatis ordinem matrem Dominus extero, hoc est Joanni, commendasset in cruce, si alios ipsa praeter illum filios suscepisset, sed virgini virginem tradidit, ut inter tales cura sola sacramenti, sola societas religionis haberetur, nec mundanae sollicitudini discipulus tantus iste serviret, sed praedicaturis virginitatis partum domi haberet, unde hoc dubitantibus approbaret ».

Uenustus - decoratus : schwieriger, vielleicht verdorbener Satzteil.

Deifica(ta). Tertullian, Apol. 11,10 ; Irenaeus 2,5,4 ; Augustinus, De civ. Dei 19,23,4 ; Rufinus, Lev. 3,5 ; Ps.-Augustinus, Sermo 121, 6. Jh., § 3 (PL 39, 1988) : « vectura deifica ».

§ 17. *Supereminens nouitas.* Vgl. §§ 58 und 74. Parallelen bei Radbert, De partu (PL 96, 212 B) : « Audiant ... investigatores novi et inauditi partus » ; (ibid. 217 A) : « immaculati partus novitate ». Die « unerhörte Neuigkeit » war schon von den ersten Vätern unterstrichen worden. Im ambrosianischen Hymnus 'Intende' hieß es ja : « Lumenque nos spirat *novum* ». Das *novum* stammte von der Prophetie des Jeremias 31,22 : « Creavit Dominus novum super terram » etc., wie Radbert selber § 58 ausführt. – Leo M., Ep. 28,4 (PL 54, 765 B-767 A) : « Ingreditur ergo haec mundi infirma filius Dei de coelesti sede descendens et a paterna gloria non recedens novo ordine, nova nativitate generatus. Novo

nascitur. Uerumtamen etsi magnificentior multum uirginitas in Maria propter gratiae excellentiam, una tamen integritas carnis et una uirtus, quae ad inuicem quasi cognata sociatur.

18. Hinc quoque Iohannes, quicquid est, quod Maria genuit, euangelizando suo commendat eloquio : 'Uerbum, quod in principio erat, et uerbum erat apud Deum, et Deus erat uerbum'. Hoc quippe uerbum, quod erat in principio et apud Deum erat et Deus erat uerbum, ipsum Deum genuit beata et gloriosa uirgo Maria ex se carnem factum. Idcirco et uirginitas longe sacratior, et fecunditas, ut ita dicam, multo ineffabilior, quam suo potuerit ille explicare eloquio. Uerumtamen quanto uirginitas cognatior uirginitati, tanto beatus euangelista ceteris excellentior et uicinior uerbo. Ideo quicquid est, quod uirgo genuit, totum, prout potuit, homo per Spiritum Sanctum nobis reserauit manifestius et docuit.

19. Ceterum ad exemplum humanae uitae conuersatio eius post ascensionem Christi generaliter cum apostolis fuit, quousque disperguntur, sicuti Lucas meminit, dicens, quod regressi quidem a monte Oliueti Hierusalem uenerunt et ascenderunt in caenaculum, ubi manebant : Petrus et Iohannes, Iacobus et Andreas, Philippus et Thomas, Bartholomaeus et Matthaeus, Iacobus Alphaei et Simon Zelotes, et Iudas Iacobi. 'Hi omnes, inquit, erant perseuerantes unanimiter in oratione cum mulieribus et Maria matre Iesu et fratribus eius'.

20. Ecce, Iesu ascendente, cum quibus uirgo uacat in schola uirtutum et meditatur in lege mandatorum Dei, ut et ipsa sit forma disciplinae Christi et exemplum perfectionis uirginibus. Conuersatur autem cum testibus sanctae resurrectionis et ipsa testis ; conuersatur cum

---

3 quasi] tamquam *L* | cognita *M* || 5 quod *RDM*] quo *cet. codd.*, inquit *L* || 6 et[1] *om. C* || 7 Deum erat] Deum *C*, et Deus erat *om. H* || 8 Deum *om. M* | carne *DO* || 9 et[2] *om. L* || 17 quidam *NMO* || 19 Iohannes *add.* et *L* || 24 quibus] apostolis *H*

---

4 ff. Jo 1,1 f. || 17 ff. Act 1,12 ff. || 25 cf. Ps 118,47

---

ordine, quia invisibilis in suis visibilis factus est in nostris ... Nova autem nativitate generatus, quia inviolata virginitas concupiscentiam nescivit ». (Vgl. PL 54, 195 AC). Ildefons von Toledo (PL 96, 58 B) : « ad novitatem inauditae gloriae proveheris » ; (ibid. 60 B) « novo opere, nova efficacia, nova operatione, novo effectu, novo patratu » ; (ibid. 65 B) : « Illud efficere novitatem, si virgo parturiret et pudore nitesceret » ; (ibid. 65 C) : « In novitate miraculi, non in vetustate coniugali ». Vgl. noch ibid. 68 A, 76 B, 85 B ; 86 A ; 91 A ; 96 A etc.

senatoribus caeli infra curiam paradisi sub Spiritus Sancti disciplina et magisterio totius diuinae maiestatis. Inuenitur prima beata Maria inter primas summi regis cohortes, quorum uita non erat iam de terris, in quibus Christus praeliabatur, sed de caelis.

21. Hinc ascendisse leguntur in caenaculum, quo pascha dignissime celebrabatur. Ibi quippe manebant cum Maria matre Iesu unanimiter aspirati in caritate, perseuerantes in oratione, donec induerentur uirtute ex alto. Coeperant enim iam orare, qui dudum cum Domino conuersantes, uirtutibus et miraculis pascebantur. Et bene 'perseuerantes in oratione', nihil haesitantes, donec acciperent munera Spiritus Sancti, quae poscebant.

22. Quos et uos, o filiae, imitamini, quae in schola Christi permanere uouistis. Perseuerate in orationibus unanimiter uiuentes, quousque intrare possitis gaudia aeternae uitae, quo beata uirgo feliciter hodie introiuit alternantibus hymnidicis angelorum choris infra pascua aeternae uiriditatis, ubi una societas omnium supernorum, ubi dulcis sollemnitas angelorum, ubi post labores et aerumnas felix et suauis refectio animarum.

23. 'Hodie namque gloriosa semper uirgo caelos ascendit' ; rogo, 'gaudete, quia', ut ita fatear, ineffabiliter sublimata 'cum Christo

---

1 intra *LO* || 2 beata Maria *om. NBCMO* || 5 quo] in quo *LH* || 6 celebratur *BCDMO* || 10 perseverabant *L* || 13 quousque] donec *L* || 15 intra *LO* || 15-16 infra – supernorum ubi *om. M* || 16 omnium *codd.*] civium *L, add.* civium *H*[2] | supernotorum *L* || 19 uirgo *add.* Maria *LPBDH*

3-4 cf. 2 Cor 5,1 ff. || 5 ff. cf. Act 1,13 f. || 7-11 f. cf. Act 1,8

---

§ 21. *Perseuerantes in oratione donec etc.* RADBERT, Sermo 1 (PL 96, 242 B) : « Quae cum apostolis degens vixit, et quamdiu simul fuere, unanimiter in oratione permansit, conferens cum eisdem, donec omnia complerentur mysteria repromissionis Christi, et ipsi longe lateque causa praedicationis dispergerentur ». Vgl. oben § 19 : « donec dispergerentur ».

§ 22. *Alternantibus hymnidicis angelorum choris.* RADBERT, Sermo 1 (PL 96, 241 B) : « ubi hinc inde hymnidici sanctorum vicissim cantica nuptiarum alternant chori ». Vgl. Ps.-LEO M., Sermo 14,1 (PL 54, 505 A) : « alternantibus hymnidicis angelorum choris ».

Omnium supernorum. Vgl. § 86 « omnium supernorum civium » ; § 46, 96 : « supernorum civium » ; § 59 : « supernorum civium omnium ».

§ 23. *Hodie – aeternum.* Resp. in Ass. (PL 78, 799 B) : « Hodie Maria virgo caelos ascendit ; gaudete, quia cum Christo regnat in aeternum ».

Sublimata. Vgl. unten § 39 und Anm.

regnat in aeternum'. Regina mundi hodie de terris et de praesenti saeculo nequam eripitur. Iterum dico : gaudete, quia secura de sua inmarcescibili gloria ad caeli iam peruenit palatium. Exultate, inquam, ac gaudete, et laetetur omnis orbis, quia hodie nobis omnibus eius interuenientibus meritis salus aucta est, uobis quoque diligentibus eam honor et uirtus una cum reliquis uirginibus sacris amplior praestatur et gratia.

24. Idcirco, dilectissimae, laetamini et laudate, quia si Deum ore prophetico in sanctis suis laudare iubemur, multo magis eum in hac celebritate beatae uirginis matris eius oportet cum hymnis et canticis diligentius extollere et dignis Deo iubilare praeconiis ac mysticis honorare muneribus. Nulli dubium quin totum ad gloriam laudis eius pertineat, quicquid digne genetrici suae impensum fuerit ac sollemniter.

25. Ex quo timeo satis et ualde pertimesco, dum uestris cupio parere profectibus, ne forte sicut improbus ita et indignus laudator inueniar, profecto cum nec sanctitas uel facundia suppeditet, ut beatam et gloriosam uirginem digne laudare queam, quoniam, ut

---

1 de^2 *om.* *D* || 4 ac] et *L* || 10 beatae *add.* Mariae *L* | canticis] laudibus *BD*, *add.* spiritualibus *P* || 11 diligentibus *BD* | ac] et *P* || 12 Nulli *add.* enim *L* || 13-14 ac soll.] atque soll. attributum *LPH* || 17 suppeditat *N* || 18 uirginem *add.* Mariam *LH*

---

9 cf. Ps 150,1 || 11-12 cf. Eph 5,19

Regina mundi. Resp. in Ass. (PL 78, 799 D) : « Beata mater et innupta virgo, gloriosa regina mundi ». – Radbert, Sermo 1 (PL 96, 240 BC) : « Quae profecto hodie decorata ideo descendit, ut reginam mundi, beatam scilicet Mariam, secum eveheret ad sublimia et collocaret in throno regni, alioquin officiosissime praetexta non occurreret, nisi festivitas magna esset ». Zur Geschichte des Titels *regina mundi* vgl. Auer, op. cit.

Salus aucta est. Ambrosius Autpert, Sermo in Ass. § 1 (Ps.-Augustinus, Sermo 208 ; PL 39, 2131) : « Genitrix Domini nostri salutem edidit mundi. Auctrix peccati Eva, auctrix meriti Maria ». Vgl. Ps.-Augustinus, Sermo 120, 6.-7. Jh., § 4 (PL 39, 1385).

§ 24. *Quanto magis*, bzw. *multo magis.* Eine bei Radbert übliche Beweisführung a fortiori. Vgl. § 50, 86, 95, 98.

§ 25. *Indignus laudator.* Vgl. § 34. Leo M., Sermo 28 in Nat. Domini (PL 226 B) : « Numquam materia deficit laudis, quia numquam sufficit copia laudatoris. Gaudeamus igitur quod ad eloquendum tantum misericordiae sacramentum impares sumus ». Ambrosius Autpert, Sermo in Ass. § 11 (Ps.-Aug. 280 ; PL 39, 2134) : « Meritis tuis impares gratiarum actiones ». Vgl. Ps.-Aug., Sermo 194 (PL 39, 2106 § 5) : « meritis tuis impares gratiarum actiones ».

uerum fatear, quicquid humanis dici potest uerbis, minus est a laude caeli, qua diuinis est et angelicis excellentius praedicata et laudata praeconiis, a prophetis quidem praenuntiata, a patriarchis figuris et aenigmatibus praesignata, ab euangelistis exhibita et monstrata, ab angelo uenerabiliter atque officiosissime salutata.

26. Praeterea qualis et quanta esset, ab eodem diuinitus declaratur, cum ait : 'Aue Maria, gratia plena, Dominus tecum, benedicta tu in mulieribus'. Talibus namque decebat uirginem oppignerari muneribus, ut esset gratia plena, quae dedit caelis gloriam, terris Deum pacemque refudit, fidem gentibus, finem uitiis, uitae ordinem, moribus disciplinam.

27. Et bene angelus ad uirginem mittitur, quia semper est angelis cognata uirginitas. Profecto in carne praeter carnem uiuere, non

---

2 qua] quia *LPM* || 5 atque] et *P* || 7 ait] dicitur *L*, dicit *BD* | Maria *om.* *L* || 8 oppignerare *NHMO* || 9 Deum] Dominum *L* || 12 uirginem *add.* Mariam *L* | est *om.* *L* || 12 profecto *add.* et *H*

---

7 Lc 1,28

Minus est a laude caeli. RADBERT, Sermo 1 (PL 96, 249 BC) : « Sed quia laudare nequimus beatam virginem, quia inferior est ea nostra laus, veneremur et amemus quantum possumus ». AMBROSIUS AUTPERT, Sermo in Ass. § 4 (Ps.-Aug. 208 ; PL 39, 2130) : « Sed quid nos tantilli, quid actione pusilli, quid in laudibus eius referemus, cum etsi omnium nostrum membra verterentur in linguas, eam laudare sufficeret nullus. Altior enim caelo est, de qua loquimur ; abysso profundior, cuius laudes dicere conamur ».

A prophetis – salutatur. RADBERT, Sermo 1 (PL 96, 247 C) : « Ipsa est quae a prophetis est praedicata, ab archangelo salutata, a Spiritu Sancto fecundata et ab eodem obumbrata ». Vgl. Sermo 'Castissimus' (Ps.-AUG. 195 ; PL 39, 2110) : « Virginitas Mariae angeli salutatione est impregnata, a Johanne de utero est salutata, et generans virginitas ab angelis est hodie collaudata, et lactans virginitas Mariae per stellam de caelo praedicata et a magis muneribus honorata ».

Officiosissime salutata. RADBERT, De partu (PL 96, 212 B) : « Ab angelo iam gratia plena officiosissime salutatur ». Auch Sermo 1 (zitiert oben Anm. zu § 23) verwendet den typisch Radbertschen Ausdruck *officiosissime;* Vgl. oben § 16.

§ 26. *Ave Maria – mulieribus.* Verse zu zwei Responsorien in Ass. (PL 78, 798 A) : « Ave, Maria, gratia plena, Dominus tecum ... Benedicta tu in mulieribus.

Talibus namque – disciplinam. PETRUS CHRYSOLOGUS, Sermo 143 (PL 52, 583 BC) : « Videtis, quibus est virgo oppignorata muneribus ... Haec est gratia, quae dedit caelis gloriam, terris Deum, fidem gentibus, finem vitiis, vitae ordinem, moribus disciplinam ». Sermo 140 (PL 52, 577 B) : « ut pacem terris, caelis gloriam, salutem perditis, vitam mortuis, terrenis cum caelestibus parentelam, ipsius Dei cum carne commercium ... conquirat ».

terrena uita est, sed caelestis. Unde in carne angelicam gloriam adquirere maius est meritis quam habere. Esse enim angelum felicitatis est, esse uero uirginem uirtutis, dum hoc obtinere uiribus nititur cum gratia, quod habet angelus ex natura. Utrumque tamen, et esse uirginem uel angelum, diuini muneris est officium, non humanum.

28. 'Aue, inquit, gratia plena'. Et bene plena, quia ceteris per partes praestatur, Mariae uero simul se tota infudit plenitudo gratiae. Hoc quippe est quod Dauid canit : 'Descendit sicut pluuia in uellus'. Uellus itaque, cum sit de corpore, nescit corporis passionem. Sic et uirginitas cum sit in carne, uitia carnis nescit. Caelestis plane imber uirgineum uellus placido se infudit elapsu, et tota diuinitatis unda se contulit in carne, quando 'uerbum caro factum est', ac deinde per crucis patibulum expressum terris omnibus pluuiam salutis effudit, et stillicidia gratiae humanis praestitit mentibus.

---

1 gloriam] vitam *L* || 2 meritis] meritum *LPDO*, meriti *NBM* | meritis] *add.* esse *CH* || 3 nititur *add.* uirgo *L* || 4 ex] a *P* || 5 uel] et *L* | humani *LP* || 7 totam *N* || 9 et *add.* sancta *P* || 10 nescit v. c. *L* | imber *add.* in *LPD* || 11 illapsu *LPO* | et *om.* *L* || 12 carnem *L*

---

6 Lc 1,28 || 8 Ps 72 (71),6 || 12 Jo 1,14 || 13-14 cf. Ps 71,6

---

§ 27. Chrysologus, Sermo 148 (PL 52, 583 B) : « Quia semper est angelis cognata virginitas. In carne praeter carnem vivere non terrena vita est, sed caelestis. Et si vultis scire, angelicam gloriam acquirere maius est quam habere ; esse angelum felicitatis est, virginem esse virtutis ; virginitas enim hoc obtinet viribus, quod habet angelus ex natura. Angelus ergo et virgo divinum agunt officium, non humanum ». In einer dem Chrysologus restituierten Weihnachtspredigt (Ps.-Aug. 128) § 2 (PL 39, 1992) heißt es : « Divinum est ... quod agitur, non humanum ».

§ 28. Chrysologus, Sermo 142 (PL 52, 583 C-584 A) : « Ave, gratia plena. Quia singulis gratia se est largita per partes, Mariae vero simul se totam dedit gratiae plenitudo ... Unde et David dicit : 'Descendit sicut pluvia in vellus' (Ps. 71). Vellus cum sit de corpore, nescit corporis passionem ; sic virginitas cum sit in carne, vitia carnis ignorat ... Caelestis ergo imber virgineum in vellus placido se fudit illapsu, et tota divinitatis unda bibulo se nostrae carnis celavit in vellere, donec per patibulum crucis expressum terris omnibus in pluviam salutis effunderet. 'Et sicut stillicidia stillantia super terram', ut vitalibus partita stillicidiis tempora fidei rigarent germina ». Sermo 60 (PL 52, 367 A) : « Et in Iesum Christum filium eius unicum dominum nostrum. Postquam Dei filius sicut pluvia in vellus toto divinitatis unguento nostram se fudit in carnem, ab unguento nuncupatus est Christus ..., ut homo Deusque esset unus Deus ». Radbert, Sermo 3 (PL 96, 250 A) : « Iam humiliat se beata virgo in cunctis, ut totam suscipiat in se gratiam largitoris, quia quod per partes aliis datum est, tota simul venit in ea gratiae plenitudo ».

29. 'Dominus tecum' inquit. Mira res ! Et iam cum uirgine erat, qui ad uirginem mittebat angelum, et praecessit nuntium suum Deus, sed a Deo non recessit, nec teneri potuit locis, qui omnibus habetur in locis et totus ubique est, sine quo nihil totum.

30. Ergo uerbum patris numquam a patre discedens, homo proprie fieri dignatus est secreto suo mysterio, quod ipse nouit. Qui, quoniam totum suscepit, quod est hominis, homo totus est, et totum accipiens, quod Dei est, omnino aliud quam Deus, qui natus est ex Maria, esse non potuit. Scit enim Deus omnia et potest. Propterea, quia ita est, sciuit se ac potuit in utero uirginis sine sui corruptione misceri atque uniri, ut unus esset Christus, Deus et homo, una persona unaque subsistentia.

1 inquit tecum *L* | erat *om.* *R* || 3 habebatur *H* || 5 proprie] pro nobis *LP* || 6 quod *LDM*] quo *P et cet. codd.* || 7 accipiens] retinens *LP*, habens *H* || 8 omn. *add.* aliquid *P* || 10 misceri] miscere *LNDHM* || 11 unire *LDH* | ut] et *H* || 12 substantia *LP*

1 Lc 1,28

§ 29. CHRYSOLOGUS, Sermo 143 (PL 52, 584 A): «Missus est angelus a Deo, et quid dicit ? Dominus tecum. Ergo erat cum virgine, qui ad virginem miserat. Praecessit nuntium suum Deus, sed a Deo non recessit ; teneri locis non potest, qui omnibus habetur in locis et totus ubique est, sine quo nihil est totum ».

§ 30. *Verbum patris – Deus et homo.* VIGIL VON THAPSE, De trinitate, lib. 10 (PL 62, 296 A) : « Ut potentia divinae dispensationis verbum patris numquam a patre discedens homo proprie fieri dignaretur incarnatusque sit unigenitus secreto illo mysterio quod ipse novit ; nostrum namque est credere, illius nosse, ac sic ipse Deus verbum totum suscipiens in se quod est hominis, homo sit, et assumptus homo totum accipiendo quod Dei est, aliud quam Deus esse non possit ». Der gleiche Text wird von RADBERT zitiert in De partu (PL 96, 206D-210 A ; 120, 136 A) mit dem Hinweis : « doctor egregius Athanasius in libello fidei suae, quem quasi sub dialogo edidit », was zutrifft, denn die Schrift Vigils ist als Dialog zwischen ATHANASIUS und einem Ketzer aufgefaßt. Vigil hatte aber diese Stelle einem 427 von LEPORIUS verfaßten Brief entnommen (PL 31, 1224 BD), den CASSIAN in De incarnatione 1,5 (CSEL 17, 242-243) ausführlich zitiert, weshalb RADBERT hier nach der erwähnten Stelle noch zwei weitere Absätze benutzen konnte : « Nouit Deus sine sui corruptione misceri et tamen in ueritate misceri ... Sed idem ipse Deus qui et homo, et uicissim homo qui et Deus Iesus Christus, unus Dei filius nuncupetur et uere sit ».

Ut unus esset Christus – una persona. VIGIL VON THAPSE, Contra Eutychen 1,4 (PL 62, 97) : « Ex duabus his naturis hodieque manentibus unus est Christus unaque persona ».

Unaque subsistentia. Vgl. unten § 53. Vielleicht nach S. CYRILLI Scholia (Übersetzung von MARIUS MERCATOR), cap. 8 (PL 58, 1012 A) : « ex perfecta Dei verbi subsistentia et ex humanitate perfecta unus est Christus, idem in eodem Deus simul et homo ».

31. Ob quod Dei genetrix electa et praeelecta iure ab angelo gratia salutatur et praedicatur plena. Uere plena, per quam largo Sancti Spiritus imbre superfusa est omnis creatura. Et ideo satis eam deuotissime primum angelus ueneratur et salutat. Miratur itaque et ipse, qualis aut quanta sit, quam salutat.

32. Non enim simplex, fateor, uel consueta fuit ista salutatio, sed omni admiratione digna. Siquidem uenerationis fuit delatio, oblatio muneris, famulatus obsequii, quia etsi in sanctis patribus et prophetis gratia fuisse creditur, non tamen eatenus plena. In Mariam uero totius gratiae, quae in Christo est, plenitudo uenit, quamquam aliter.

33. Et ideo inquit : 'Benedicta tu inter mulieres', id est : plus benedicta quam omnes mulieres, ac per hoc quicquid maledictionis infusum est per Euam, totum abstulit benedictio Mariae. Insuper et gratiam refudit Christi ortus, quam non habuit prius omnis mundus.

---

2 sal. et praed. gr. plena *LH* || 4-5 miratur – salutat *om. O* || 5 qualis] qua *H* || 6 ista] illa *H* || 10 quamquam] quam *O, add.* et *M* || 11 in mulieribus *L* || 14 gratia *NC* | prius] primo *H*

---

10 cf. Col 1,19 ; Jo 1,16 || 11 Lc 1,28

---

§ 31. *Electa.* Resp. in Assumpt. (PL 78, 798 B) : « Veni electa mea » etc.

Ab angelo gratia salutatur et praedicatur plena im Resp. oben § 26 zitiert.

Uere plena – creaturam. CHRYSOLOGUS, Sermo 142 (PL 52, 380 A) : « Et vere plenam, quae largo imbre totam funderet et infunderet creaturam ».

§ 32. *Oblatio muneris.* CHRYSOLOGUS, Sermo 142 (PL 52, 576 A) : « In hac voce oblatio est oblatio muneris, non simplex salutationis officium ».

In sanctis patribus – gratia esse creditur. Nach CASSIAN, vgl. § 60.

Eatenus plena. Vgl. oben § 28.

§ 33. *Benedicta tu in mulieribus.* Vers zum Resp. in Assumpt. (PL 78, 798 C).

Eva – Maria. HIERONYMUS, Ep. 22 (CSEL 54, 173) : « In doloribus iugiter Eva pariebat. Postquam vero virgo concepit in utero et peperit nobis puerum, ... soluta maledictio est. Mors per Evam, vita per Mariam ». AMBROSIUS AUTPERT, Sermo in Ass. § 4 (Ps.-Aug. 208 ; PL 39, 2130-31) : « Haec primae matris damna solvit, haec homini perdito redemptionem adluxit. Mater enim generis nostri poenam intulit mundo, genitrix domini nostri salutem edidit mundo. Auctrix peccati Eva, auctrix meriti Maria. Eva occidendo obfuit, Maria vivificando profuit. Illa percussit, ista sanavit ». CHRYSOLOGUS, Sermo 99 (PL 52, 479 A) : « ... et esset omnium viventium mater vera per Christum, quae erat in Adam mater omnium mortuorum. Ob hoc namque nasci voluit, ut sicut per Evam venit ad omnes mors, ita per Mariam rediret omnibus vita ». Sermo 140 (PL 52, 576 B) : « Benedicta tu in mulieribus. Quia in quibus Eva maledicta veniebat viscera, tunc in illis gaudet, honoratur, suscipitur Maria benedicta ».

Igitur quod natura non habuit, usus nesciuit, ignorauit ratio, mens non capit humana, pauet caelum, stupet terra, creatura omnis etiam caelestis miratur, hoc totum est, quod per Gabrielem Mariae diuinitus nuntiatur, et per Christum adimpletur.

34. Qua de causa de tali tantaque loqui me indignum fateor. Sed et puto, quod nemo qui praesumat, nisi qui quanta sint, quae panduntur, penitus ignorat. Tamen etsi ad haec nemo idoneus inuenitur, uotis omnibus cessare non debet quilibet, etiam peccator, a laudibus, quamuis explere non queat, quod sentitur. Unde sermo diuinus, cum de peccatore ageret in psalmis, 'Sacrificium, inquit, laudis honorificabit me, et illic iter quo ostendam illi salutare Dei', acsi patenter dicat. Illic iter est laudis ad aeternam laudem sine fine mansuram, sed nemo apprehendet illud, nisi ego praemonstrauero.

35. Propterea, carissimae, quia iter salutis nostrae in laudibus est saluatoris, hortor uos et commoneo 'in hac sacra sollemnitate genetricis Dei Mariae', nolite cessare a laudibus. Quod si uirgo es, gaude quia meruisti esse et tu, quod laudas ; tantum cura, ut sis quae digne laudare possis. Quod si continens et casta, uenerare et lauda, quia non aliunde constat, ut possis esse casta, quam ex gratia Christi, quae fuit plenissime in Maria, quam laudas. Quod si coniugata, certe aut peccatrix, nihilominus confitere et lauda, quoniam inde misericordia omnibus profluxit et gratia, ut laudent.

---

3 quod *add.* est *H* || 5 tantoque *P* || 6 nemo *add.* sit *LDH* | qui[1]] quis *MO*, *om.* *P* || 8 votis *add.* tamen *P* | etiam *add.* et *B* || 9 sentit *LH* || 11 me *add.* protinus addidit *LP* | iter *add.* est *LM* || 13 apprehendat *N*, apprehendit *PC* || 15 saluatoris] salutis *C* || 17 quia] quod *P* | et tu esse *P* || 18 casta *add.* es *LPH* || 19 ex] de *P* || 20 coniugata *add.* es *P*

---

10 f. Ps 49,23

Quod natura non habuit – miratur. CHRYSOLOGUS, Sermo 143 (PL 52, 582 C) : « Quod natura non habet, usus nescit, ignorat ratio, mens non capit, pavet coelum, stupet terra, creatura miratur, quomodo sermo narrabit humanus ? »

§ 34. *Me indignum fateor.* Vgl. oben § 25.

Acsi patenter dicat. Derselbe Ausdruck bei RADBERT, De partu (PL 96, 214 B) und Sermo 2 (PL 96, 244 D).

§ 35. *In hac sacra sollemnitate genetricis Dei Mariae.* Ant. in laud. Nativ. s. Mariae (PL 78, 802 B) : « Corde et animo Christo canamus gloriam in his sacris sollemniis praecelsae genitricis Dei Mariae ». Den Schluß dieser Antiphon scheint man später RADBERTS Formel angeglichen zu haben.

Certe aut peccatrix. Vgl. Anm. zu § 114.

36. Et quamuis 'non sit speciosa laus in ore peccatoris', noli cessare, quia inde tibi promittitur uenia, unde et omnibus, ut laudes. Alioquin, nisi iuxta modulum ingenii nostri Deum laudare in sanctis suis studeamus, quomodo eum, secundum quod canimus, iuxta multitudinem magnitudinis eius laudare poterimus ?

37. Omnino quod praetermittendum non est, quod impleturi sumus quandoque, secundum quod dicitur : 'Beati qui habitant in domo tua Domine, in saecula saeculorum laudabunt te'. Interdum uero, quia immensus est, quod uoce non possumus nec facundia ualemus, exequamur uotis et medullis cordis, quia magnus et bonus est atque immensus, tantus ac talis, quantum et qualem ipse se nouit, ore ac spiritu confiteamur ad iustitiam et salutem.

38. Hinc rogo omnes pariter, 'festiuitatem gloriosae semper uirginis Mariae deuotissime celebremus, quia haec est dies praeclara, in qua meruit exaltari super choros angelorum et peruenire' ultra quam nostrae humanitatis est natura, ubi non substantia tollitur, sed gloriae magnitudo monstratur, cum eleuatur in dexteram Patris, ubi Christus 'pro nobis introiuit pontifex factus in aeternum', ad caeli palatium.

39. Haec est, inquam, dies, in qua usque ad throni celsitudinem intemerata mater et uirgo processit atque in regni solio sublimata

---

1 nolite *N* | cessare *add.* a laudibus *L* || 2 unde] inde *N*, *om. O* | unde et *om. P* || 6 quod¹ *RNMBD*¹] hoc *D*², quod hoc *C*, quippe *L*, *om. PH* | quod²] quomodo *O* || 7 secundum *om. P* || 8 Interdum – est *om. P* || 11 se *om. PH* || 14 praeclara *add.* omni saeculo ueneranda *P* || 17 cum *om. P* | dextera *CDH*

---

1 Eccli 15,9 || 3 Ps 150,1 f. || 7-8 Ps 83,5 || 9 cf. Bar 3,25 || 12 cf. Rm 10,10 || 17 cf. Hbr 10,12 || 18 Hbr 6,20

---

§ 38. *Festivitatem – celebremus.* Nachahmung des Resp. in Nat. s. Mariae (PL 78, 802 B) : « Beatissimae virg. Mariae nativitatem devotissime celebremus ».

Haec est dies praeclara in qua. Resp. in Assumpt. (PL 78, 79 A) : « Haec est dies praeclara hodie, in qua b. virgo » etc.

Exaltari super choros angelorum. Resp. in Ass. (PL 78, 798 C) : « Ecce exaltata es super choros angelorum » (vgl. auch ähnliche Resp. PL 78, 798 D).

§ 39. *Haec est – resedit.* Ant. in Nativitate s. Mariae (PL 78, 802 C) : « Nativitatem hodie perpetuae virginis ... celebremus, qua celsitudo throni processit » ; Ant. in 3. nocturno Assumpt. (PL 78, 799 B) : « Maria virgo assumpta est ad aethereum thalamum, in quo rex regum stellato sedet solio ». Radbert, Sermo 2 (PL 96, 251 B) : « Beata virgo pro tanta gratia tantique privilegio materno hodie resedit sublimata in throno ».

post Christum gloriosa resedit. Sic itaque ubique confidenter sancta Dei canit ecclesia, quod de nullo alio sanctorum fas est credere, ut ultra angelorum uel archangelorum merita transcenderit, quia etsi similitudo repromittitur sanctis, ueritas tamen negatur.

40. Hoc quippe priuilegium non naturae est, sed gratiae beatae uirginis Mariae, de qua natus est ipse Deus et homo. Idcirco et ipsa plus est, meritis et non natura, quam uirgo et homo. Unde etsi ceterae uirgines imitantur illam usque ad conceptum partus et Gabrielis nouae salutationis obsequium, deinceps totum diuinum est, quod operatur in ea, teste angelo, quia Spiritu Sancto et uirtute altissimi obumbratur.

1 residet *LPB* | itaque] utique *P* || 3 uel]et *L* | merita] dignitatem merito *L* || 4 similitudo *LPNBCDMO*] simili modo *R*, multitudo *H* | tamen *LPH*] non RC^2 *et cet. codd.*, *om.* C^1 || 5 natura *H* || 6 Idcirco – homo *om.* *C* || 7 naturae *MO* || 8 conceptum] contemptum *L* || 10 operatum est *L* | quia *om.* *NBMO* | Spir. S. *in marg.* *B*, Spiritus Sanctus *LNHMO* || 11 obumbratur *PNBDHMO*, obumbrabit te *L*, obumbrabitur R^2C

8-11 cf. Lc 1,28

Sic ... ubique ... canit ecclesia. Radbert, Sermo 2 (PL 96, 252 A) : « super choros, ut cantatur, angelorum ».

Etsi similitudo repromittitur sanctis, ueritas tamen negatur. Hieronymus, Ep. 108, 23 (CSEL 55, 341) : « Quomodo ergo erimus similes angelorum, cum inter angelos non sit masculus et femina ? Breuiter ausculta : Non substantiam nobis angelorum, sed conuersationem et beatitudinem repromittit, quomodo ... omnes sancti et uirgines dei etiam de isto saeculo uitam in se exprimunt angelorum, quando dicitur : 'Eritis similes angelorum', similitudo promittitur, non natura mutatur ».

§ 40-42. Quelle ist hier Arnobius jr., Conflictus cum Serapione 2,21 (PL 53, 301-302) : « Dictum est ab apostolo : 'Et si cognovimis dominum Iesum secundum carnem, sed nunc iam non novimus' (2 Cor. 5,16), quasi quis dicat : Et si cognovimus lanam priusquam ad mixtionem conchylii fieret purpura, sed iam non novimus lanam, sed purpuram qua inter homines omnes nullus uti possit, nisi Augusti fuerit praeditus dignitate. Impigitur hoc loco : Ergo vilis lana fuit prius Iesus, et dealitas superveniens fecit eum purpuram ? Non ita dicimus, sed antequam Spiritus veniret super Mariam, et virtus Altissimi obumbraret eam, et hoc conciperet quod sanctum vocaretur filius Dei (Luc. 1,35-36), ante hoc ipse uterus Mariae, quamvis mundus esset a peccato et sanctus, tamen vilitate humilitatis erat ut lana optima et incomparabilis universis, quae erant sub coelo, virginibus, eratque talis ac tanta, quae decenter et in se dealitatem Filii Dei, sicut conchylii lana sanguinem susceperit, et ipsa lana esse cessaret lana, sed vera purpura per sanguinem fieret memoratum. Non enim lana, sed pretiosa est huius sanguinis capax. Quodsi sanguis hic lanam tanta maiestate sublimat

41. Ante hoc ipsum sane uterus uirginis, quamuis mundus, quamuis impollutus et alienus a contagione peccati, quamuis sanctus, tamen adhuc uilitate humanitatis induitur, ut ita dicam, acsi lana candidissima suique coloris dealbata. Ad quam sane cum accessit Spiritus Sanctus, quasi ipsa eademque lana, cum inficitur sanguine conchilii uel muricis, uertitur in purpuram, uersa est et ipsa sine coitu in matrem, ut non sit iam admodum quod fuerat, sed purpura uerissima ad indumentum et gloriam summi regis diuinitus aptissime dedicata, ut nulli deinceps ea uti usu femineo licuerit nisi Deo.

42. Quippe, ut ita loquar, beata et gloriosa uirgo Maria eo modo, quamuis dudum incomparabilis esset uniuersis, quae sub caelo sunt, uirginibus, ut decenter posset in se suscipere diuinitatis admixtionem, salua utraque natura, tamen cum gratia repletur, cum Spiritu Sancto perfunditur, cum uirtute altissimi obumbratur, fit pretiosior meritis, celsis sublimior fastigiis, pulchrior sanctitate, gloriosior suorum prae-

1 uterus *add.* Mariae *P* || 2 cogitatione *alibi* contagione *L* || 4 suisque coloribus *O*, suoque colore *L*, *add.* fucique sui *H* | accessisset *L* || 5 quasi] quia si *P* || 6 purpura *M* || 7 amodo *LP*, *om.* *H* || 11 esse *P* || 12 uirginibus *add.* comprobetur *P* | decentem *C* | possit *P*

per suam admixtionem, ut nulli hac liceat uti, nisi huic, qui regia fuerit praeditus dignitate, quanto magis quando Spiritus sanctus venit in Mariam, et virtus Altissimi obumbravit eam, hoc quod natum est ex ea 'de semine David secundum carnem' (Rom. 1,3) secum fecit filium Dei, ut sic esset Maria theotokos sicut christotokos. Quia ante Mariam fuerunt aliae christotocae, sed non virgines, nec ex Spiritu sancto nec virtute Altissimi obumbrante. Haec autem et Christotokos est sola et theotokos, sola virgo ex Spiritu sancto et virtute Altissimi concipiens ». Der ganze Passus wird zitiert von ALKUIN, Adv. Felicem VI 9 (PL 101, 210-211), und zusammengefaßt in seinem Traktat De fide S. Trinitatis 3,14 (PL 101, 46-47).

§ 41. *Cum inficitur sanguine conchilii uel muricis.* ALDHELM VON SHERBORNE, De laude virginitatis (MGH Auct. ant. 15, 316 ; PL 89, 156 B) : « lanas ... rubro conchilii sanguine aut cruento bacciniorum succo inficere seu certe purpureis tincturae muricibus naturaliter colorare ». ISIDOR, Etym. XII 6,50 (PL 82, 456-457) : « Murex cochlea est maris ..., quae alio nomine conchylium nominatur, propter quod circumcisa ferro lacrymas coloris purpurei emittat, ex quibus purpura tingitur, et inde ostrum appellatum, quod haec tinctura ex testae humore elicitur ».

Purpura uerissima ad indumentum. Antiphonar von Compiègne (PL 78, 734 A): « Descendit de caelis missus ab arce Patris. Introivit per aurem virginis in regionem nostram, indutus stolam purpuream, et exivit per auream portam lux et decus universae fabricae mundi ». Vgl. MEERSSEMAN, Akathistos I 32 f. zu Agobard von Lyon in PL 104, 312. Vgl. auch BAUMSTARK, Byzantinisches 163.

rogatiuis meritorum, ita ut nullis iam usibus sit ipsa eademque mancipanda, nisi diuinis.

43. Unde, o sanctissimae uirgines, etsi imitari oportet tantam ac talem uirginem, tamque praeclaram uenerari multum conuenit, et ultra angelicam quodammodo dignitatem, quantum fas est, cum gaudio laudibus dignissime efferri. Quae, ut diximus, non temere Christi per gratiam 'super choros angelorum exaltata' deuotissime hodie praedicatur, quia praecessit eam Dominus et saluator noster, ex ea uera fide genitus, ad caelestia, ut pararet ei, sicut ipse repromisit discipulis, in aethereis mansionibus locum.

44. Hinc quoque Dauid propheta olim gratulabundus Christo canit : 'A summo 'inquit' caelo egressio eius, et occursus eius usque ad summum eius'. Ascendit ergo eandem gloriam resumpturus, licet non amiserit, quam prius habuerat, antequam mundus fieret. Ascendit et praeparauit huic sanctissimae ac gloriosissimae uirgini locum inmortalitatis, ut cum eo regnare possit in perpetuum.

45. Et haec est eius praesentis diei festiuitas, in qua gloriosa et felix 'ad aethereum peruenit thalamum'. Quae profecto festiuitas, sicuti et uirgo incomparabilis est ceteris uirginibus, ita et incomparabilis est omnium sanctorum festiuitatibus et admiranda etiam uirtutibus angelicis.

46. Propter quod ex persona supernorum ciuium in eius ascensione admirans Spiritus Sanctus ait in canticis : 'Quae est ista, quae ascendit

1 sit *add.* ita *H* | mancipandam *N* || 3-4 ac talem *om. BD* || 4 multum *add.* tamen *L* || 6 laudibus *add.* eam *L* | efferri *RD*] offerri *PNBC*, efferre *L*, conferri *HMO* || 8 quia] qui B^2 || 9 ipse *add.* suis *LPR* || 11 quoque *om. C* | David] dudum *C* || 12 caeli *BD* || 15 ac] et *L* || 16 posset *LC* || 17 eius] huius *LH* || 19 uirgo] beata Maria *L* | et *om. LR* | incomp. *add.* ista *NCHMO* || 20 est] ista est *P*, *add.* festivitas *PNCDM* | admiranda *add.* est *L* || 20-21 angel. virt. *L*

9 f. cf. Jo 14,1-3 || 12-13 Ps 18,7 || 15 cf. Jo 17,5 || 18 f. Cant 3,6

§ 43. *Oportet – uenerari multum.* Resp. in Ass. (PL 78, 798 D) : « Valde eam nobis oportet venerari » etc.

Super choros angelorum exaltata deuotissime hodie praedicatur. Ant. und Resp. in Assumptione (PL 78, 798 CD) : « Exaltata es ... super choros angelorum ».

§ 44. *Gratulabundus.* Des öfteren bei Radbert, z. B. PL 96, 243 B, 244 A.

Praeparauit – cum eo regnare in perpetuum. Vgl. unten § 50-51.

§ 44 *Ascendit* - § 45 *angelicis :* Heute Ant. ad Magnif. zur 1. Vesper der Ass. – Fehlt im Antiphonar von Compiègne (PL 78, 798).

§ 45. *Ad aethereum thalamum.* Ant. 2 in Laud. Matutin (PL 78, 799 B).

per desertum, quasi uirgula fumi ex aromatibus'. Et bene 'quasi uirgula fumi', quia gracilis et delicata, quia diuinis extenuata disciplinis et concremata intus in holocaustum incendio pii amoris et desiderio caritatis. 'Ut uirgula fumi, inquit, ex aromatibus'. Nimirum quia multis repleta erat uirtutum odoribus, manans ex ea fragrabat suauissimus odor etiam spiritibus angelicis. Ascendebat autem 'de deserto' praesentis saeculi uirga de radice Iesse olim exorta, sed mirabantur electorum animae prae gaudio, quaenam esset, quae etiam meritorum uirtutibus angelorum uinceret dignitatem.

47. De qua rursus idem Spiritus Sanctus in eisdem Canticis: 'Quae est ista quae ascendit, inquit, quasi aurora consurgens, pulchra ut luna, electa ut sol, terribilis ut castrorum acies ordinata'. Admiratur autem Spiritus Sanctus, quia omnes de ascensu huius uirginis admirantes facit, quod, quasi noui diluculi aurora rutilans, ascensu suo resplendeat multis freta et uallata sanctorum agminibus. Unde dicitur

1 quasi] sicut *LPH* | et *om.* *N* || 3 et[1] *add.* enim *PNCHMO* || 4 inquit *om.* *P* || 5 erat] est *L* || 6 autem *add.* Dei genitrix *L* || 13 quia] qui *P*

7 Is 11,11 || 10 ff. Cant 6,9 || 12 f. Cant 6,3,9

§ 46. *Quae est ista* etc. Vers zum 1. Resp. in Assumpt. (PL 78, 798 A): « Quae est ista quae ascendit per desertum sicut virgula fumi ex aromatibus myrrhae et thuris ».

Gracilis et delicata – desiderio caritatis. Radbert, Sermo 3 (PL 96, 257 A): « Sicut virgula fumi ex aromatibus myrrhae et thuris, quoniam in ascensu eius multa fragrabant ornamenta virtutum incendio divini concremata amoris ». – Haimo von Auxerre (Ps.-Cassiodor) in Cant. 3,6 (PL 70, 1069 C): « Fumus ... significat sanctum desiderium igne divini amoris perfusum. Nec absolute fumo comparatur, sed virgulae fumi, quia sancta Ecclesia vel anima Deum amans gracilis est et delicata, disciplinis Spiritus sancti attenuata, non habens grossitudinem carnalium desideriorum ». Radbert und Haimo schöpfen hier wahrscheinlich aus dem verlorenen Hohelied-Kommentar des Ambrosius Autpert.

§ 47. *Quae est ista – acies ordinata.* Antiphon in evangelio (PL 78, 799 B): « Quae est ista quae ascendit sicut aurora consurgens, pulchra ut luna, electa ut sol, terribilis ut castrorum acies ordinata ». Parallele bei Radbert, Sermo 1 (PL 96, 241 D): « Pulchra ut luna, electa ut sol ... idcirco ob hanc speciem decoris non immerito formositate virtutum speciosa laudatur », und (242 A): « ... quae sole iustitiae illustratur, ut caliginem praesentis vitae destruere possit ».

De ascensu huius uirginis – ascensu suo resplendebant. Nebst dem Substantiv *ascensus, -us* gebraucht Radbert sowohl für Maria als auch für Christus den gewöhnlicheren Ausdruck *ascensio* (§§ 84, 88). Eine alte Übersetzung von Ps. 83,6 sagte: « *Ascensus* tui in corde eius » statt wie in der Vulgata: « *Ascensiones* in corde suo ». Vgl. Petrus Chrysologus, Sermo 85 (PL 52, 440 B).

'terribilis ut castrorum acies ordinata'. Siquidem terribilis suis facta uirtutibus, ut castrorum acies admodum ordinata, hinc inde sanctorum angelorum fulta praesidiis. 'Pulchra ut luna', immo pulchrior quam luna, quia iam sine defectu sui coruscat caelestibus illustrata fulgoribus. 'Electa ut sol' fulgore uirtutum, quia ipse eam elegit sol iustitiae, ut nasceretur ex ea.

48. Ad cuius profecto exsequias, quantum fas est credere, famulabantur angeli, et uniuersae caelorum congratulabantur curiae. Nec mirum, quia honor maternus est, qui est natus ex ea, quem omnis caelorum ordo ueneratur et adorat super se eleuatum cum Patre in sede maiestatis Domini.

49. Legimus ergo quamsaepe ad funera et ad sepulturas quorumlibet sanctorum angelos aduenisse et ad exequias eorum obsequia praestitisse, necnon et animas electorum usque ad caelos cum hymnis et laudibus detulisse, ubi et utriusque sexus chori commemorantur, frequenter auditi laudes cecinisse, interea, et quod perspicacius est, multo nonnumquam lumine eosdem resplenduisse, insuper et adhuc uiuentes in carne ibidem miri odoris fragrantiam diutius persensisse.

50. Quodsi ad recreandam spem, dilectissimae, et corroborandam fidem interdum adstantium saluator noster Christus ob merita suorum amplius comprobanda talia et tanta dignatus est exhibere per suos caeli ministros circa defunctos, quanto magis credendum hodierna die militiam caelorum cum suis agminibus festiue obuiam aduenisse genetrici Dei eamque ingenti lumine circumfulsisse et usque

1-2 Siquidem – ordinata *om.* *O* || 1 suis *add.* est *B* || 2 ut *om.* *B* || 6 ex ea] per eam *M* || 7-9 Ad cuius – ex ea *om.* *C* || 7 famulantur *PBD* || 8 univ. cael. congr. *om.* *M* | cael. *om.* *O* | congratulantur *PBD* || 9 maternus *add.* eius *LDH* || 12 ergo] enim *L* || 13 ad exsequia *H*, et exequiis *L* | obsequia] exequias *H* || 16 laudesque *LPNC* || 17 eodem *M* || 18 fragrantia *N* | persensisse] praesentem fuisse *O* || 19 dilectissimae *add.* filiae *LM* || 20 noster *add.* Iesus *L* || 22 cred. *add.* est *L* || 24 venisse *LP*

3 Cant 6,9 || 5 Cant 6,9 || 14 f. cf. Mt 19,28 || 17-18 Rm 8,9

§ 48. *Quem omnis caelorum ordo veneratur et adorat super se elevatum cum Patre.* RADBERT, Sermo 1 (PL 96, 243 D) : « Christum ... super omnia elevatum in dextera Patris iam conspicit, quem gaudens adorat omnis ordo caelorum ».

§ 50. *Quanto magis,* wie unten § 95. Beweisführung a fortiori, wie bei ARNOBIUS oben Anm. zu § 40-42. Anderswo (§§ 24, 86, 98) sagt er « multo magis ».

Thronum – paratum. Vgl. oben § 44. Parallele bei RADBERT, Sermo 1 (PL 96, 246 A) : « Hodie coronatur in regno, quod olim ei praeparatum est cum sanctis a constitutione mundi ».

ad thronum olim sibi etiam ante mundi constitutionem paratum cum laudibus et canticis spiritalibus perduxisse ?

51. Nulli dubium omnem illam caelestem Hierusalem tunc exultasse ineffabili laetitia, tunc iocundatam esse inaestimabili caritate tuncque cum omni gratulatione iubilasse, quoniam festiuitas haec, quae nobis hodie reuoluitur annua, illis omnibus facta est continua. Nec immerito. Creditur enim, quod saluator omnium ipse, quantum datur intellegi, per se totus festiuus occurrit, et cum gaudio eam secum in throno collocauit.

52. Alias autem quomodo impleuisse creditur quod in lege ipse praecepit : 'Honora, inquit, patrem tuum et matrem tuam' ? Porro quod patrem honorauerit, ipse sibi testis est, cum ad Iudaeos ait : 'Ego gloriam meam non quaero ; est qui quaerat et iudicet. Sed ego honorifico patrem meum, et uos inhonorastis me'. De matre uero euangelista : 'Cum redirent, ueniens, ait, Nazareth, erat subditus illis'.

53. Sed alia est natura, qua Deus Pater secundum se honoratur, alia qua idem parentibus subditur. In utraque tamen unus idemque Christus recte creditur, eo quod 'uerbum caro factum est et habitauit in nobis' unus 'Emmanuel, quod est : nobiscum Deus'. Hanc quippe

---

1 spiritualibus *M* || 3 dubium *add.* quin *NH* | omnes *LNO*, omnes iam *B* || 4 iocundata est *C* | esse *om. P* || 5 congratulatione *NMCO* || 11 inquit *om. L* || 12 sibi *om. L* || 13 ego *om. N* || 15 rediret *LH* | Nazareth *add.* et *codd. praeter LB*

---

1 Jo 17,24 ; cf. Ps 92,2 || 2 Eph 5,19 ; Col 3,16 || 3 cf. Apc 3,12 ; 21,2 || 11 Mt 15,4 || 13 ff. Jo 9,48 f. || 15 Lc 2,43 et 51 || 19 Jo 1,14 || 20 Mt 1,23 Is 8,10

---

§ 51. *Festiuitas ... annua ... continua.* Vgl. oben § 27. Radbert, Sermo 2 (PL 96, 252 A) : « Pro talibus et huiusmodi sacramenti veneranda est, fratres, hodierna festivitas sic annua, ut semper nobis continua maneat et venerabilis in mente ».

Eam secum in throno collocauit, wie Salomon (3 Reg. 2, 19).

§ 53. Der bis § 81 sich erstreckende Exkurs « de fide incarnationis Christi » wurde wahrscheinlich veranlaßt durch die Antiphon in Oct. Nat. Domini (PL 78, 741 C) : « Mirabile mysterium declaratur hodie : Innovantur naturae ; Deus homo factus est ; id quod fuit, remansit, et quod non erat, assumpsit, non commixtionem passus neque divisionem ». Über den Ursprung der Antiphon vgl. Brou, Les chants en langue grecque 169.

Unus Emmanuel. Vgl. §§ 64, 77.

Hanc quippe unitionem – fides catholica saluat. Glaubensdekret von Chalcedon (Mansi 7, 115 BC) : « Sequentes igitur sanctos patres unum eumdemque con-

unitionem diuinitatis atque humanitatis inconfusam indiuisamque fides catholica saluat. Quam sane intellegendo cognoscit naturalis atque secundum subsistentiam conuentio unitatis, ut neque conuersio in alterutram duarum substantiarum partem recipiatur, neque divisio.

54. Sic namque credere, honorare est matrem Domini, quae et Deum nobis genuit et hominem, neque hominem sine Deo, neque sine homine Deum, sed Deum et hominem unum et uerum Iesum Christum, alioquin Dei genetrix dici non posset, quod multi haereticorum negare conati sunt, nisi Deum uere genuisset incarnatum.

---

1 unionem *LP* | atque indivisam *L*, ac indivisam *M* || 2 salvat] servat *LP* | quem *L* | cognoscat *LP* || 3 substantiam *LPC* || 4 nec *L* || 5 et *om. L* || 6 sine Deo hominem *P*

---

fiteri filium et dominum nostrum J. Christum consonanter omnes docemus eumdem perfectum in deitate et eumdem perfectum in humanitate, Deum verum et hominem verum eumdem ex anima rationali et corpore, consubstantialem Patri secundum deitatem, consubstantialem nobis secundum humanitatem, per omnia nobis similem absque peccato, ante saecula quidem genitum secundum deitatem, in novissimis autem diebus eumdem propter nos et propter nostram salutem ex Maria virgine Dei genitrice secundum humanitatem, unum eumdemque Christum, filium, dominum, unigenitum, in duabus naturis inconfuse, immutabiliter, indivise, inseparabiliter agnoscendum, nusquam sublata differentia naturarum propter unitionem magisque salva proprietate utriusque naturae et in unam personam atque subsistentia concurrente, non in duas personas partitum aut divisum, sed unum eundemque filium Deum Verbum, dominum Jesum Christum ».

Quam sane intelligendo – neque diuisio. Sophronius, Ep. synod. (PG 87, 3166 B) : « Solam autem ex animo veneramur inconfusam simulque indivisam deitatis atque humanitatis unitionem, quam solam cognoscit naturalis secundum subsistentiam conventio. Hanc quippe cum alterutram copulatae deitas et humanitas habuerunt, ut neque conversionem sustineant neque divisionem patiantur ».

§ 54. *Neque hominem sine Deo - Iesum Christum.* Leo M., Ep. 28,5 (PL 54, 773 A) : « Aequalis periculi erat Dominum Jesum Christum aut Deum tantummodo sine homine aut sine Deo solum hominem credidisse ».

Alioquin Dei genetrix – nisi Deum uere genuisset incarnatum. Johannes Maxentii, Ap. ad Fulgentium, cap. 2-3 (PL 65, 443-444) : « Igitur iuxta sanctorum patrum traditionem Dominum N. J. Christum in duabus naturis unitis et inconfusis, idest divinitatis et humanitatis, in una persona sive subsistentia confitemur ... Beatam vero virginem Mariam ... proprie et secundum veritatem credimus theotocon, idest Dei genitricem, eo quod peperit vere et proprie Deum Verbum incarnatum et hominem factum atque essentialiter sive naturaliter carni unitum. Propterea etiam essentialem sive naturalem factam naturarum unitionem omnimodis confitemur ».

Et propterea duas in Christo recte confitemur natiuitates: unam uidelicet de Patre sine initio et sine tempore sempiternam et coaeternam Deo Patri, alteram de matre cum tempore, quando miserationem induens et misericordiam, spontanea uoluntate ad nos descendit natus homo Deus, ac per hoc iuxta ueritatem et matris gestatur utero, qui semper Deus agnoscitur.

55. Hinc etiam theotocon eam ueraciter confitemur, Dei scilicet genitricem, necnon et christotocon, non quod uerbum carnem secum

---

3 aliam *P* || 7-8 eam – non quod *om. C*

Et propterea – alteram de matre cum tempore. JOH. MAXENTII, cap. 4 (PL 65, 446 D): « Propterea et duas nativitates Dei Verbi credimus et confitemur, idest unam ante saecula a Patre, idest secundum divinitatem, alteram in in novissimis diebus a virgine sancta secundum carnem ». Vgl. auch VIGIL VON THAPSE, Contra Eutychen 2,2 (PL 62, 104-105), FULGENTIUS VON RUSPE, Antwort an Joh. Maxentii, cap. 4 u. 7 (PL 65, 454 B, 459 B) und De incarnatione 4-5 (PL 65, 765 CD). SOPHRONIUS, Ep. synod. (PG 87, 3163 D): « Duas eiusdem Dei Verbi nativitates credimus, unam quidem ex Deo Patre, quam intemporalem et sempiternam scimus, secundam ex Dei genitrice, quam et modernam et temporalem cognoscimus ». Von einer ganz anderen zweifachen Geburt Christi (geminae generationes) redete Felix von Urgel, nämlich in adoptianistischem Sinne; ihm entgegnete Radberts Zeitgenosse PAULINUS VON AQUILEIA, Contra Felicem I 44 (PL 99, 398 B): « Catholica quippe fides alteram (generationem) ex Patre ante saecula confitetur, ex matre alteram in fine saeculorum ... Tertiam vero, quam tu initiatam in baptismo affirmas, ecclesiasticae regulae modis omnibus refutat censura ... Duas quin etiam praeter illam introducere generationes gestiens ore despuas toxifluo ».

Quando miserationem – semper Deus agnoscitur. SOPHRONIUS, ibid. (PG 87, 3159 C-3162 A): « Patris filius, qui ante omnia saecula et tempora impassibiliter de eodem natus est Deo et Patre, miserationem induens et humanitatis misericordiam circa humanum nostrum lapsum spontanea voluntate ... ad nos humiles descendit ... et homo iuxta veritatem efficitur, qui semper Deus agnoscitur et materno ventre gestari monstratur ».

§ 55. *Theotocon – christotocon.* CASSIAN, De incarnatione 2,2 und 7,30 (CSEL 17, 247 u. 388); ALKUIN (vgl. oben Anm. zu § 40-42); CHRYSOLOGUS (vgl. Anm. zu § 80).

Non quod uerbum carnem suam secum detulerit etc. LEO M., Ep. 145,3 (PL 54, 1159 B-1161 A): « Nos de Domini incarnatione confitemur et credimus, qui ad salutem humani generis reformandam, veram carnem nostrae fragilitatis non de coelo secum detulit, sed in utero matris assumpsit ». Ibid. cap. 6 (PL 54, 1165 A): « In utero virginis verbum caro factum est ». SOPHRONIUS, Ep. synod. (PG 87, 3, 3162 B u. 3163 A): « Incarnatur ergo verbum Deus, quod nostrum est, non *praefactae carni copulatus* praeformative ... aliquando corpori conlinitus vel animae praeexistenti coniunctus, sed tunc his ad subsistendum venientibus,

detulerit, neque olim praefactae carni copulatus sit, sed tunc, quando 'uerbum caro factum est' ex carne uirginis, diuinitatis atque humanitatis substantia in utero ita inconfuse unitur, ut una persona sit Deus et homo Christus, ex duabus siquidem naturis sine confusione alterius, nonnisi unus inueniatur Iesus Dominus, manens Deus in forma Dei, qui 'semetipsum exinaniuit formam serui accipiens', manens unus idemque in forma serui, quam suscepit, totus quippe Deus in carne uirginis, de qua natus est, et totus homo. Hinc quoque apostolus: 'In quo habitat, inquit, corporaliter omnis plenitudo diuinitatis'.

56. Quapropter, o filiae, 'estote prudentes sicut serpentes, et simplices sicut columbae', ut ex prudentia perfectae intellegentiae anulum fidei uestrae et margaritam, pro qua omnia reliquistis, integram

---

1 neque] nec *H* | praefatae *codd.* | copulatum *LPH* || 3 confuse *PO* || 4 homo *add.* unus *C* | siquidem ex duabus *P* || 5 invenitur *LPDH*

---

2 Jo 1,14 || 6 Ph 2,7 || 9 f. Col 2,9 || 11 f. Mt 10,16 || 13 cf. Mt 13,45 f.

---

quando eis ipsum verbum et Deus copulatus est, naturaliter contemporalem habens unionem atque subsistentiam, et non ante verissimum ipsius verbi conventum in seipsis unquam extiterunt ... Virginem generantem conservavit et theotokon eam proprie et veraciter demonstrat ... totus Deus collaudandus, totus idem ipse apparens homo perfectus ». LEO M., Ep. 145,7-8 (PL 54, 1165 C-1167 A) : « Sicut praedicat beatus apostolus Paulus : ,Cum in forma Dei esset ..., semetipsum exinanivit, formam servi accipiens' ... Cum ergo unus sit D. J. Christus et verae deitatis veraeque humanitatis in ipso una eademque persona sit » etc. FULGENTIUS, Ep. 17,2 (PL 65, 454 B) : « Verbum igitur Dei idemque Verbum Deus humanam carnem de carne matris accipiens sic utique formam servi accepit, ut permanens in forma Dei aeternus atque incommutabilis Deus per unitatem personae, in qua formam servi accepit, fieri dignaretur ipse quod fecit ». SOPHRONIUS, Ep. synod. (PG 87, 3, 3167 A): « Formae sunt haec, ex quibus ineffabilis unitio facta est, et in quibus unus idemque Christus conspicitur, et unum unum manet, quod ex ipsis effectum est, non iam dualiter divisum, sed ea ex quibus factum est, sine sectione et transversione demonstrans, hoc extat et persona composita et inconfuso constans temperamento, quae partitionem convenientium nescit, sed esse unum et permanere unum indivisum sortitur ».

§ 56. *Prudentes sicut serpentes – ex prudentia perfectae intelligentiae.* Mahnung zur Vorsicht betreffs der genauen Formulierung der Lehre von der Inkarnation. Die Mahnung wird § 74 und 80 wiederholt.

Anulus fidei – dotem simul et arram. Quelle ist hier sicher ALDHELMS rhythmischer Traktat De laud. virg. mit den beiden Versen über die hl. Agnes (PL 89, 272 B) : « Qui [Christus] se subarravit cum dote fidei annulus et cuius sacravit membra puellae ». Im prosaischen Traktat heißt es nur (MGH Auct. ant. 15,

inuiolatamque seruetis, ne dotem simul et arram Spiritus Sancti, quod absit, perdatis. Diligentius itaque procurate, si quo modo simplicitas columbae, quae fuit in Maria, illaesa inuiolataque custodiatur.

57. De qua Salomon in Canticis quasi in eius laude: 'Ueni, inquit, columba mea, immaculata mea; iam enim hiems abiit et recessit'. Ac deinde inquit: 'Ueni de Libano, ueni'. Nec immerito igitur uenire de Libano iubetur, quia Libanus candidatio interpretatur. Erat enim candidata multis meritorum uirtitutibus et dealbata niue candidior Spiritus Sancti muneribus, simplicitatem columbae in omnibus repraesentans. Quoniam quicquid in ea gestum est, totum puritas et simplicitas, totum ueritas et gratia fuit, totum misericordia et 'iustitia, quae de caelo prospexit', et ideo immaculata, quia in nullo corrupta.

58. Circumdedit enim uirum in utero, sicut Ieremias sanctus testatur et non aliunde accepit. 'Faciet, inquit, Dominus nouum super terram,

2 si *om.* *H* || 3 illaesam inuiolatamque custodiatis *M* | inuiolataque *add.* in vobis *L* || 4 laudem *L* || 5 hiems transiit imber abiit *L*, imber abiit *O* || 6 veni[2] *add.* coronaberis *LP* | Nec]non *LH* || 8 candidata *add.* b. M. virgo *P* | et] ac *P* | candidior *LO*] candidius *cet. codd.* || 10 simplicitas *add.* est *BD* || 11 veritas *LNCOM*] puritas *R* | gratia et veritas *P*

4 ff. Cant 2,10 f. || 6 Cant 4,8 || 10-11 Ps 84,12 || 14 f. Ier 31,22

298; PL 89, 145 C): « Qui me anulo fidei suae subarravit », wie in der Vita s. Agnetis (Ps.-Ambrosius, AA SS Jan. II 351). Das Christentum hatte den Ausdruck *anulus fidei* früh übernommen, aber bei Tertullian (De pudicitia 9), Ambrosius (De poenitentia 2, 3, 18), Rufin (Hist. Eccl. 1, 28), Prudentius (Perist. 1, 85) wird er noch nicht auf die hl. Agnes verwendet. In Prudentius' Passio Agnetis (Perist. 14) kommt er nicht vor; Ambrosius (De virginibus I, 2) stellt Agnes dar als Vorbild der Jungfrauen; Maxim v. Turin (Sermo 56 in Natali s. Agnetis PL 57, 643 ff. = Ps.-Ambrosius, Sermo 48; PL 17, 725 ff.) rühmt Agnes als Beispiel der Jungfrauen in der Nachfolge Mariens, aber beide erwähnen weder *anulus* noch *dos* oder *arra*.

§ 57. *Libanus.* Hieronymus, Adv. Iov. 1,30 (PL 23, 264): « Libanus leukasmos, idest candor interpretatur. Veni ergo, sponsa candidissima, de qua alibi (Cant. 4, 8) dicitur: 'Quae est ista, quae ascendit dealbata' ». Ibid. 1,29 (PL 23, 263 B): « Candor vestium sempiternus (Eccle 9,8) virginitatis est puritas ». Cassiodor in Ps. 103, 16 (PL 70, 734 B): « Libanus interpretatur candidatio ». Beda in Cant. 4,8 (PL 91, 1137 C): « Libanus, si hebraeam sequamur etymologiam, candor interpretatur; si graecam, thus ». Haimo von Auxerre (Ps.-Cassiodor) in Cant. 3, 9 (PL 7 P, 1075 D): « Libanus ... interpretatur autem in hebraeo dealbatio vel candidatio; ex graeco thus interpretatur ».

Iam enim hiems etc. Antiphon ad laudes in Assumpt. (PL 78, 800 A): « Iam hiems transiit, imber abiit et recessit; surge amica mea et veni ».

et mulier circumdabit uirum'. Uere nouum, et omnium nouitatum supereminens nouitas uirtutum, quando Deus, quem ferre non potest mundus nec uidere aliquis, ut uiuere possit, sic ingressus est hospitium uentris, ut corporis claustra nesciret, sicque gestatus, ut totus Deus in eo esset, et sic inde exiuit, ut Ezechiel fatetur, omnino clausa.

59. Unde canitur in eisdem Canticis de ea: 'Hortus conclusus, fons signatus, emissiones tuae paradisus'. Uere hortus deliciarum, in quo consita sunt uniuersa florum genera, et odoramenta uirtutum, sicque conclusus, ut nesciat uiolari neque corrumpi ullis insidiarum fraudibus. Fons itaque signatus sigillo totius trinitatis, ex quo fons uitae manat, 'in cuius lumine omnes uidemus lumen', quia iuxta

---

1 Uere *add.* et *N* || 3 neque *LCDOM* || 4 corp. claustrum *L*, corporaliter claustra *C*, corporalis claustra *N* || 5 exivit inde ut esset sicut Ez. *L* | fatetur *add.* manent D^2, *add.* porta *LPH* || 10 itaque] igitur *P* || 11 lumine] nomine *NHO* | uidebimus *L* | lumine e lumine *C*

---

3 Ex 33,20; 1 Tim 6,16 || 5 Ez 44,1-3 || 6 f. Cant 4,12 f. || 8 cf. Apc 5,8 || 10 cf. Apc 7,17; 21,6; Jo 4,14 || 11 Ps 35,10

---

§ 58. *Novum – omnium novitatum supereminens novitas.* Vgl. § 17, 74.

Hospitium ventris – sic inde exivit. CHRYSOLOGUS, Sermo 145 (PL 589 C): « Quia coelestis hospes, supernus habitator sic in uteri descendit hospitium, ut corporis claustra nesciret; sic de habitaculo ventris exiit, ut virginalis ianua non pateret, sed impleretur illud quod cantatur in Cantico Canticorum: Hortus conclusus ».

Corporis claustra ... exivit, ut Ezechiel fatetur, omnino clausa. Über die marianische Deutung der *porta clausa* bei Ezechiel, vgl. HARMUTH 56. Auf Hieronymus und Gregor fußt die gesamte Exegese von Ezech. 44, 1-3 im Früh- und Hochmittelalter. Unter den lat. Vätern sind noch zu erwähnen AMBROSIUS (PL 16, 114 und 1174), RUFIN (PL 21, 349), CASSIAN (CSEL 17, 383). Unter den karolingischen Schriftstellern AMBROSIUS AUTPERT (Ps.-AUGUSTINUS Sermo 208 § 4; PL 39, 2131): « Haec est Dei templum, fons ille signatus et porta in domo Domini clausa »; und der Anonymus im Sermo *Castissimum* (Ps.-AUGUSTINUS, Sermo 195 § 1; PL 30, 2107): « Illa porta facta sum clausa, quam in visione divina Ezechiel vidit ... Porta facta sum coeli, ianua facta sum filio Dei. Illi facta sum ianua clausa, qui post suam resurrectionem ingressus est ad discipulos per ostia clausa, qui natus est de ventre meo, me matrem dimisit intactam ».

§ 59. *Hortus conclusus etc.* Ant. in Assumpt. (PL 78, 799 C): « Hortus conclusus, sancta Dei genitrix, hortus conclusus, fons signatus ». RADBERT in Matth. 2, 1 (PL 120, 106 D): « Hortus *etc.* fons signatus. Itaque hortus conclusus quia uterus virginis modis omnibus integer atque incorruptus fuit. Hortus autem ideo appellatus, quia universae deliciae paradisi in eo effloruerunt, et signatus est venter pudoris, ubi fons emicuit nostrae redemptionis. Signatus, inquam, quia incontaminatus atque incorruptus extitit sanguis ex quo manavit liquoris ».

Iohannem, 'ipse est qui illuminat omnem hominem uenientem in hunc mundum'. Cuius profecto emissio uteri, supernorum ciuium est paradisus.

60. De isto namque uentris agro patriarcha Isaac longe odorans aiebat dicens : 'Ecce odor filii mei sicut odor agri pleni, quem benedixit Dominus', quamuis putent parum intellegentes, quod priores sancti minus de Christo intellexerint mysterium incarnationis, cum et ipsi eadem saluati sint gratia.

61. Unde constat tempus non praeiudicasse sacramentum uniti hominis ac Dei, ita ut iam esset in illo per unitatem personae ab initio saeculi, qui necdum erat natus de Maria uirgine, quod multis scripturarum declaratur indiciis. Unde Dominus ad Iudaeos : 'Antequam Abraham, inquit, fieret, ego sum'. Quibus itaque uerbis ostendit

---

4 adorans *CM* || 5 quem] cui *LH* | civium *add.* omniam *L* || 6 parum *om. B* || 8 sunt *H* || 9 sacramento *L* || 11 nondum *L* || 12 Unde *add.* et *NBM* || 13 inquit *om. C*, Abr. fieret inquit *P* | Quibus – sum *om. M* | itaque] utique *LPH*, namque *D*

---

5 f. Gen 27,27 || 12 ff. Jo 8,58

Radbert in Ps. 44, lib. 1 (PL 120, 1006 D) : « Qui sint autem horti deliciarum, ipse sponsus demonstrat in Canticis : Hortus conclusus soror mea sponsa, hortus conclusus, fons signatus, eo quod in hortis huiusmodi Dei impressa signaculis imago servatur involuta sincerissima unda pudoris. De quo dictum est ad Patrem : Quoniam apud te est fons vitae (Ps. 35, 12). Qui profecto fons bene in corde virginis signatus oritur et fluit iugiter, ut irriget universos deliciarum flores et fructus paradisi ». Nach Ambrosius, De virginibus 1,8 (PL 16, 211-12) : « Qui sint autem horti, ipse demonstrat dicens : Hortus ... signatus, eo quod in hortis huiusmodi impressa signaculis imagine Dei, sinceri fontis unda resplendeat, ne volutabris spiritualium bestiarum sparsa coeno fluenta turbentur. Hinc ille murali septus spiritu clauditur, ne pateat ad rapinam ».

§ 60. *De isto namque uentris agro, etc.* Ambrosius, ibid. (PL 16, 212 A) : « Hic est odor quem Jacob patriarcha flagravit, quando meruit audire : Ecce odor filii mei sicut odor agri pleni (Gen. 27, 27). Nam licet plenus omnibus fructibus patriarchae sancti fuerit ager, ille tamen fruges maiore virtutis labore generavit, hic flores ». Radbert, in Ps. 44, lib. 1 (PL 120, 1005 D) : « Iste namque ager est, ex quo Isaac de filio : Ecce odor filii mei ..., quem benedixit Dominus ».

Priores sancti – saluati sint gratia. Cassian, De incarnatione 5,9 (CSEL 17, 315-316) : « Omnes quoque sanctos, qui uixerunt sub lege ueteris testamenti, beatus apostolus Petrus per gratiam Domini nostri Iesu Christi praedicat esse saluatos ... Intellege ergo tandem, quia ... iustos Christus in Deo gratiae suae liberalitate salvavit ».

§ 61. Cassian, ibid. 5,8 (CSEL 17, 314) : « Ipse Dominus, cum de Abraham diceret, diversitate sermonis ostendit dicens : 'Priusquam Abraham fieret, ego sum'. De Abraham dixit : 'priusquam fieret', de se autem : 'Ego sum', scilicet, se, qui loquebatur, in eo semper fuisse mysterio unitatis. Quam ut commendaret: 'Ante Abraham, inquit, ego sum'. Nam 'Abraham antequam fieret' humanitatis est breuitas; 'Ego sum' autem aeternitas naturae declaratur. In qua nimirum aeternitate, iam se fuisse, qui loquebatur, per sacramentum suae incarnationis insinuat.

62. Quod apostolus Iudas uolens dilucidare apertius: 'Iesus, inquit, populum ex Aegypto saluans, secundo eos, qui non crediderunt, perdidit'. Et alibi Paulus: 'Neque tentemus Christum, sicut quidam eorum tentauerunt'. Non quod iam esset Iesus aut Christus natus ex Maria, sed quia in illo unico filio Dei iam unitas personae commendatur, quae occulta erat in mysterio. Quod et alibi euidenter: 'Qui elegit nos, inquit, ante mundi constitutionem in ipso'. Quia profecto quicquid Deus fecit ab initio, Christus fecit totum per unitatem sacramenti. Et ideo iam Iesus erat in Filio, qui populum educebat, et Christus in eo qui tentabatur, quoniam semper per sacramenti unitatem in Deo fuisse non dubitatur, alioquin nisi ita credideris, aut Christus Deus non erit omnino, aut contra prophetam 'deus recens' esse uidebitur.

---

1 mysterium unitate *N*; ministerio unitatem commendare Christi *H* | unitatis *add.* personae qui semper est et ideo ut unitatem *N* || 2 commend. *add.* Christi *N* | ante] antequam *LP* | Abraham *add.* fieret *LP* || 3 Ego autem sum *L* | aeternitatis natura *O* || 4 decl. natura *O* || 6 Iudas] Paulus *M*, *om. N* || 8 et alibi Paulus *om. B* | alibi *om. D* | Paulus *om. MC*, *add.* ait *D* || 10 commendabatur *LDM* || 11 euidenter *add.* Paulus *LH* || 12 inquit *om. N* || 13 Christus *om. P* | totum fecit *P* || 15 semper *om. BD* || 18 esse *om. P*

---

6 Jud 1,5 || 8 f. 1 Cor 9,9 || 11 f. Eph 1,4 || 17 f. Ps 80,10

---

quia fieri temporalitatis est, esse aeternitatis, et ideo illud 'factum' humanae tribuit breuitati, illud autem 'sum' naturae suae, et haec omnia Christus ubique, qui per sacramenti uniti hominis ac Dei in illo, qui semper fuerat, iam se fuisse dicebat ».

§ 62. CASSIAN, De incarnatione 5,9 (CSEL 17, 315-316): « Quod apostolus quoque cum dilucidare ac manifestare omnibus cuperet, ita locutus est: 'Quoniam Iesus populum de terra Aegypti salvans secundo eos, qui non crediderunt, perdidit'; sed et alibi: 'Neque temptemus, inquit, Christum, sicut quidam illorum temptaverunt et a serpentibus perierunt. In Deo Christus eduxit et in Deo Christus a populo temptatore temptatus est ... quia per sacramenti unitatem ita et Deus in Christum et Christus in Deum transiit ... Et ideo dicens propheta: 'Non erit in te deus recens nec adorabis deum alienum', et hoc spiritu praedicabat, quo apostolus Christum eductorem ex Aegypto Israheliticae plebis esse dicebat, ut eum utique, qui ex virgine natus est, hominem semper per sacra-

63. Sed ne talibus patiamur calumniis, scrutandae sunt scripturae, in quibus unitas in Christo commendatur personae, quam non praeiudicat tempus, ne unus semper dicatur. Hinc quoque beatus Petrus loquens de patribus ait : 'Per gratiam Domini nostri Iesu Christi credimus saluari quemadmodum et illi'. Namque illos Dominus solus ducebat, et non erat cum eo deus alienus, unde nec nobiscum deus recens, quia unus idemque est, qui et eorum ductor fuit, et noster per passionem carnis suae redemptor, unus siquidem sua in carne, unus in sacramento atque unus in spiritu.

64. Nec admittit omnino, ut alius filius hominis, alius Filius Dei intellegatur, qui nec tempore praescribitur nec passione separatur, sed totus Deus in Christum, et Christus in Deum transiit, ut quicquid Dei Filius est, Christus dicatur, et quicquid in carne Christus pertulit, id Deus pertulisse recte credatur, alioquin, si ad rationem respicias et ad sensus humanos, nequaquam itatenus potuerunt inter se conuenire deitas et humana conditio. Conuenerunt tamen in Christo, et unus ex ambobus, Emmanuel.

---

1 patiamur] quatiamur *LPH* || 2 quam *editor*] quem *codd.*, quoniam *L* || 7 eis *L* || 10 omnino] ratio *LP* || 11 qui] quia *M* || 12-13 ut qui Dei filius est Christus praedicatur *O* || 13 est *LPONMBCD*] *om. R* || 15 ita hactenus *LM*, ita eatenus *P* || 16 tamen *om. PH* || 17 unus *om. M* | ambabus *P* | Emm. *add.* est *LC*

---

4 ff. Act 15,11 || 6 f. Ps 80,10 || 7 Esd 9,12 || 8 cf. Hbr 2,9 || 9-10 cf. 1 Tim 3,16

---

menti unitatem in Deo fuisse sentiret, alioquin, nisi ita creditur, aut omnino cum haereticis Christus non deus aut certe contra prophetam recens deus esse creditur ».

§ 63. CASSIAN, ibid. (CSEL 17, 315) : « Eximius quoque apostolorum Petrus : 'Et nunc quid temptatis, inquit, imponere iugum super cervices discipulorum, quod neque patres nostri neque nos portare potuimus ? Sed per gratiam Domini nostri Iesu Christi credimus salvari quemadmodum et illi'. Liberatum ab Aegypto Dei populum ... 'Dominus solus ducebat eos, et non erat cum eis deus alienus».

§ 64. *Totus Deus – pertulisse recte credatur*. CASSIAN, De incarn. 5,9 (CSEL 17, 316) : « Per sacramenti unitatem ita et Deus in Christum et Christus in Deum transiit, ut et quidquid Deus facit, Christus id perfecisse et quod postea Christus pertulit, Deus id pertulisse credatur ».

Itatenus. Seltener Ausdruck, den CLAUDIANUS MAMERTUS in De statu animae fünfmal verwendet (CSEL 11, 140, 143, 149, 151, 171).

Unus ex ambobus. Vielleicht nach S. CYRILLI Scholia (Übersetzung des MARIUS MERCATOR), cap. 5 (PL 58, 1010 A) : « Vere ex sancta Virgine natum esse Iesum Christum, nec absque humanitate intelligimus Deum verbum, sed unum dicimus ex ambobus effectum et Deum hominem factum ».

65. Unde mihi uidetur, quod altitudinem tanti mysterii diligenter intellegere et uidere non potuerunt, qui aut duos filios, certe aut aliud Christum quam Dei Filium existimauere. Quapropter nec nos hominem seorsum colimus, quod fas non est, nec adoramus, sed Deum magis incarnatum, qui proprium sibi corpus animatum uniuit, ita ut Deus uerbum caro fieret, et non in alium quemlibet, sed in semetipsum, qui unus et uerus Dei Filius semper erat.

66. Idcirco non alium quam eundem ipsumque Dei Filium et colimus et adoramus, qui nihil in se pro assumpto homine est coauctus nihilque, quod 'uerbum caro factum est', imminutus uel immutatus. Et ideo unus idemque semper cum Deo Patre Filius adoratur, non nouus, non recens ex tempore, non alienus a natura uel genere. Quod si tibi nouum uidetur, pro te quod hominem assumpsit, noueris quod hoc semper cum eo et in eius consilio fuit, ut sic fieret, et nunc, quando plenitudo temporis uenit, id factum est, quod in Christo semper fuit.

67. Talibus quippe priores sancti diuinitus afficiebantur odoramentis, talibus inspirabantur de Christo praesagiis, quod nasciturus esset in mundo, in quo esset omnium salus et benedictio aeternae haereditatis. Istae siquidem sunt fidei uestes, istae quibus priores sancti uestiebantur, istae quas Rebecca, immo Spiritus Sanctus secum domi habuit, quibus induit Iacob filium suum. Alias autem, nisi a Spiritu Sancto seruatae domi et prolatae essent, quid miri odoris in eisdem pater Isaac hauriret, ita ut diceret, cum persensisset uestimentorum fragrantiam : 'Ecce odor filii mei sicut odor agri pleni, quem benedixit Dominus'.

3 alium *O* | existimare *NH* || 4 quod nefas est *L*, quod fas est *M* || 6 in[1] *om. C* || 7 semetipsum *add.* caderet unitas *L*, *add.* credimus *D* | erat] est *BD* || 9 in se] ipse *L*, *om. BD* | coauctus *NB*] auctus *L*, coactus *RMDO*, quo actus *C* || 10 immut. *add.* est *L* | et ideo *om. H* || 13 pro te quod *N*] quod pro te *cet.* || 14 hoc] haec *M*, *om. DH*[2] || 15 id] et *LCMO* | quod *add.* et *BD* | semper *add.* factum *L* || 18 in quo] qui *H* || 19 fidei *om. BD* || 20 secum *LPNCMO*, *om. RBD* || 22 servatae *LC*] conservata *B*, servata *cet. codd.* | domi *om. O* | prolatae *LO*] prolata *cet.* || 23 hauriret *add.* et non haberet *B*, *add.* non hab. *D* | praesensisset *L* || 25 quem] cui *L*

1 cf. Rm 11,33 || 10 Jo 1,14. || 15 Gal 4,4 ; Eph 1,10 || 18 f. Hbr 9,15 || 24 ff. cf. Gen 27,15-27

§ 65. *Corpus animatum.* Ant. in vig. oct. [Nat.] Dni ad vesp. (PL 78, 741 A): «O admirabile commercium. Creator generis humani animatum corpus sumens» etc.

§ 67. *Vestimentorum fragrantiam.* Resp. 1 in Assumpt. (PL 78, 798 A) : « Vidi speciosam ... cuius inestimabilis odor erat nimis in vestimentis eius ». Vers zum 2. Resp. : « Myrrha et gutta et casia a vestimentis tuis » etc.

Ecce odor filii mei etc. Vgl. oben § 60.

68. Sed forte dicturus est aliquis : Quid ad Rebeccam Spiritus Sanctus pertinet, cum multis in locis personae pro Deo figurate accipiantur. Uerumtamen et Spiritus Sanctus in hebraeo ruha feminino genere dicitur, non quod sexus in Deo monstretur, immo ne forte suspicetur. Sub regula trium linguarum Spiritus Sanctus diuerse accipitur : in hebraeo scilicet, ut dixi, feminino genere legitur, in graeco uero, ne sexus in eo credatur, pro neutro inuenitur, et in latino masculinum esse discernitur.

69. Qui nimirum Spiritus Sanctus bene per Rebeccam intellegitur, et ideo totum est in mysterium, quod geritur, ut per uestimentorum fragrantiam Christus annuntietur, quem nos, quicumque baptizati sumus, induimur, in quo benedixit nos non qualicumque, sed 'omni, ut ait apostolus, benedictione spiritali in caelestibus'.

70. Unde et angelus Mariae loqui incipiens, a benedictione exorsus, ait : 'Benedicta tu, inquit, in mulieribus, et benedictus fructus uentris tui'. Cuius profecto in spiritu longe odorem trahens praefatus Isaac benedicebat filium, in quo caelestis omnis benedictio mundo effloruit. Et bene ab eo plenus ager dicitur, quia plena gratia uirgo Maria pronuntiatur, de cuius utero credentibus fructus uitae effulsit. 'Et nos, inquit euangelista, omnes de plenitudine eius accepimus gratiam pro gratia'.

---

3 ruha *litteris hebraicis L* | femineo gen. *O*, *om. B* || 3 sanctus *om. L* || 4 Deo *LNDH*] Deum *R* | monstraretur *COM* || 6 vero] vocabulo *O* || 7 pro] pneuma *litteris graecis L* || 10 mysterio *LBDH* || 11 nos *add.* omnes *LN* || 13 spirituali *LM* || 14 loqui incipiens] loquens *L* || 15 inquit *om. LB* || 16 praefatus] pater *L* || 17 mundi *BD* || 18 gratia *add.* virtutum *L* || 20 euangelista *om. MO*

---

12 f. Eph 1,3 || 15 Lc 1,28 ; 2,42 || 18 ff. Gen 27,27

---

§ 68. *In hebraeo ruha feminino genere dicitur.* BEDA, Homiliae I 15 (CCL 122, 108): «Denique hebraeo sermone, quo scriptura sancta est edita, spiritus genere feminino appellatur ». Die hebräischen (und an anderen Stellen die griechischen) Wörter, die Radbert zitiert, werden in den älteren Hss. in lateinischen, nicht in hebräischen, bzw. griechischen Buchstaben geschrieben. Solche Ergänzungen stammen von späteren Abschreibern bzw. Herausgebern.

Sub regula trium linguarum, etc. Vgl. oben S. 35-36. Ähnliches schon in CHRYSIOSLOGUS' Predigten, z. B. PL 52, 579 C, 586 B ; vgl. auch BEDAS Homilien, z. B. PL 94, 251 C und 258 D. Über die Sprachkenntnisse der Ur-Paula vgl. HIERONYMUS, Ep. 108, 26-28 (CSEL 345-347).

§ 70. *Fructus uitae.* Ant. in Ass.: « Benedicta filia ..., per te fructum vitae communicavimus (PL 78, 799 B).

71. Quapropter obsecro uos, o filiae, talem ac tantam gratiam ne in uacuum recipiatis, quae est in Christo Iesu, in quo est Deus et homo sic unitus in una eademque persona, ut legatur quamsaepe in diuinis litteris homo Deo coaeternus propter unitionem subsistentiae, ac deinde Deus homini uideatur compassus, cum nec ininitiabilis sit homo, nec passibilis Deus.

72. Tamen sic unitus est Deus suo corpori, ut nullam patiatur fieri inter Deum et hominem humana opinione distantiam, ne forte, quod absit, alius Filius Dei, et alius filius hominis credatur, praesertim quia scriptura sic connectit et concorporat Deum et hominem, ut nec in tempore admodum hominem quis a Deo, nec in passione possit ab homine Deum discernere. Unde si ad tempus respicias, inuenies semper filium hominis cum Filio Dei ; si ad passionem, inuenies semper cum filio hominis eundem Dei Filium ita unitum et indiuiduum, quantum ad uocem scripturae pertinet, ut nec homo a Deo separari tempore, nec ab homine Deus ualeat passione.

73. Siquidem ut haec apertius intellegatis, ipsius Christi uerba discutite. 'Nemo ascendit, inquit, in caelum, nisi qui descendit de caelo filius hominis, qui est in caelo'. Quis quaeso est qui loquitur ?

4 litteris] scripturis *L* | Deo *om. NO* | unionem *LBD*, unitatem *H* | substantiae *OL*, *om. BD* || 5 initiabilis *L*, initibilis *M* || 6 Deus *add.* sit *H* || 8 distantia *N* || 10 scriptura *add.* divina *LNO* || 13 inuenies *add.* inquit *N*, *add.* quidem pro certo *L* | si *add.* uero *BD* || 15 scriptura *C*

1 f. cf. 2 Cor 6,1 || 18 ff. Jo 3,13

§ 71. Cassian, De incarnatione 6,22 (CSEL 17, 348) : « Deus scriptis sacris sine exordio praedicatur, et tanta hominis ac dei unitas legitur, ut et homo Deo semper antea coaeternus et postea homini Deus conpassus esse uideatur, cum utique nec ininitiabilis homo nec passibilis Deus esse credendus sit ».

Propter unitionem subsistentiae. Von Radbert interpoliert nach dem oben § 53 erwähnten Glaubensdekret von Chalcedon.

§ 72. Cassian, ibid. (CSEL 17, 348) : « Unitus homini, idest suo corpori Deus nullam fieri patitur inter hominem ad Deum humana opinione distantiam nec admitti omnino voluit, ut alius a quoquam filius hominis, alius Dei filius crederetur, sed ita omnibus scriptis sacris dominicum hominem connectit Deo atque concorporat, ut nec in tempore admodum hominem quis a Deo nec in passione possit Deum ab homine discernere. Si enim ad tempus respicis inuenies semper filium hominis Dei filium ita scilicet unitum et indiuiduum sibi Christum filium hominis ac dei filium, ut, quantum ad uocem scripturae pertinet, nec homo separari a Deo tempore nec ab homine Deus omnino ualeat passione ».

§ 73. Cassian, ibid. 4,6 (CSEL 17, 292-293): «Nemo enim, inquit, ascendit in caelum nisi qui de caelo descendit, filius hominis qui est in caelo. Quis, quaeso, est qui loquitur? Christus utique, ubi autem tunc erat, cum loqueretur? In terra

Christus utique. Ubi, rogo, tunc erat, cum haec loquebatur ? In terra scilicet. Et quomodo se de caelo antequam nasceretur, descendisse testatur, etiam et cum loquitur, in caelo se esse fatetur eundemque se filium hominis dicit, cum utique de caelo nisi Dominus descendere non potuit. Et cum in terris loquitur, nonnisi unus idemque Christus fuit.

74. Et haec est mira et admirabilis nouitas, immo omnium nouitatum supereminens nouitas unitatis, quam nisi diligenter, prudens uirgo, ab exordio sancti euangelii animaduertas, magis errare in omni scriptura uideberis diuina quam intellegere ueritatem.

75. Constat igitur unum eundemque Christum secundum utrasque formas operatum, humanitatis scilicet ac diuinitatis, et per hoc duas exercuisse operationes. Operata est enim utraque forma uel natura, cum alterius communione, quod proprium habuit, uerbo siquidem operante, quod uerbi est, et carne exequente, quae carnis erant, communicante siquidem ei uerbo in eadem operatione, dum et idem Deus atque homo in una subsistentia uel persona sine diuisione aut commixtione creditur et praecognita identitas praedicatur. Uerumtamen Deus uerbum est et non caro, quamquam carnem rationabiliter

1 cum quando *L* || 2 se *om. N* || 3 et] haec *BD* | eundem *BD*, *add.* ergo *B* || 4 Dominus] Deus *LN* || 5 potuerit *L* || 7 semper eminens *H* | nouitas] natiuitas *O* || 9 uideris *M* || 11 et] ac *L* || 15 communicantes *H* || 16 substantia *LM*, subsistantia *B* | aut] ad *M* || 17 commixtionem *M* | praecognita *add.* una *L* | praeiudicatur *R*

scilicet. Et quomodo se et de caelo, cum natus est, descendisse, et cum loquitur, in caelo esse testatur, et eundem se filium hominis esse dicit, in caelo esse testatur, et eundem se filium hominis esse dicit, cum utique et e caelo nisi Deus descendere non potuerit, et cum in terra loquitur, in caelo utique nisi per Dei infinitatem esse non possit ».

§ 74. *Prudens virgo.* Vgl. §§ 56 und 80.

Ab exordio sancti euangelii. Vgl. oben § 3.

§ 75. *Constat enim – identitas praedicatur.* LEO M., Ep. 28,4 (PL 54,767 AB) : « Agit enim utraque forma cum alterius communione quod proprium est, verbo scilicet operante quod verbi est, et carne exsequente quod carnis est ». SOPHRONIUS, Ep. synod. (PG 87, 3, 3167 D-3170 A): « Sicut enim Christus utraque natura indiminuite proprietatem suam custodit, ita et operatur utraque forma cum alterius communione, quod proprium habuit, verbo operante quod verbi est, cum communione scilicet corporis, et carne exsequente quod carnis est, communicante ei videlicet verbo in eadem operatione, dum quando haec in una subsistentia cognoscantur, et in una persona considerentur et insulsissimam sectionem propellant. Neque enim divise operabantur propria, ut et divisionem earum suspicemur ».

Uerumtamen Deus uerbum est – conspecta sit et visa. SOPHRONIUS, Ep. Synod.

animatam assumpserit hancque sibi unitione naturali et secundum subsistentiam couniuit. Similiter et caro caro est animata, et non uerbum, licet Dei uerbi caro conspecta sit et uisa.

76. Unde Iohannes : 'Quod fuit ab initio, et quod audiuimus, inquit, et uidimus ac perspeximus, et manus nostrae tractauerunt de uerbo uitae', profecto cum nemo Deum uerbum uidere aut tractare possit manibus, nisi per sacramentum sibi uniti hominis. Quae nimirum unitio tam mira est, ut discerni nequeat. Alioquin quod fuit ab initio uerbum, quomodo recte dicitur hoc totum esse, quod apostoli audierant, quod uiderant, quod manibus tractarunt, nisi quia Christus unus idemque erat ? Ac per hoc, quod uiderant, quod tractarant, uerbum uitae erat, et nihil aliud ex duabus naturis quam unum iuxta subsistentiam uel personam.

77. Hinc est quod unus idemque manens Filius unigenitus, indisseparatus in utrisque naturis conspicitur, et quae sunt utriusque substantiae, naturaliter operabatur secundum unicuique insitam essen-

---

1 unione *LH*, unitionem *M* | sibi *om. alibi L* || 2 substantiam *LM* | caro[1] *om. LM* || 3 verbi Dei *L* | et] ac *L* || 4 Unde *add.* et *NL* || 5 ac] et *L* || 6 cum *om. N* | uerbum *om. D* | possit *add.* in *B* || 10 tractarant *D* || 11 hoc *add.* quod apostoli audierant *L* | tractarunt *H* || 12 una *O* | substentiam R^2 || 15 utrisque] utriusque *L* || 16 operabatur] operatur *alibi L* | unicuique *add.* vel *L* | insitam *add.* vel *H*

---

4 ff. 1 Jo 1,1

(PG 87, 3, 3171 A): « Etenim Deus verbum Deus verbum est et non caro, quamquam carnem rationaliter animatam assumpsit, hancque sibi unitione naturali et secundum subsistentiam adunivit. Ipsa vero caro caro est animata rationaliter, et non verbum, licet Dei verbum caro conspicitur ».

§ 76. *Unde Johannes : Quod fuit ab initio – uniti hominis.* Joh. Maxentii, Ep. ad Fulg. 4,9 (PL 65, 446 A) : « Similiter etiam hominem Christum dicimus verbum, secundum illud beati Joannis : 'Quod fuit ab initio, quod audivimus, quod vidimus oculis nostris, quod perspeximus et manus nostrae tractaverunt de verbo vitae'. Neque enim verbum secundum deitatis suae naturam tractari potuit manibus humanis, nisi fieret homo ».

Unitio tam mira. Joh. Maxentii, ibid. 5,9 (PL 65, 457 A) : « Verbum quippe cum caro fieret, unitione mirabili suam naturam fecit quam ex nobis accepit. In qua tamen unitione deifica, at omnino mirabili » *etc.*

§ 77. Sophronius, Ep. synod. (PG 87, 3167-3173 A) : « Unus idem ipse manens Christus et Filius et unigenitus, inseparatus in utrisque naturis conspicitur, et quae sunt utriusque substantiae naturaliter operabatur secundum insitam unicuique essentialem qualitatem sive naturalem proprietatem. Quod si naturam haberet singularem et inconiunctam sicut et susbsistentiam atque

tialem qualitatem uel naturalem proprietatem, quae, si naturam haberet singularem et inconiunctam, non ageret utique. Nunc autem Emmanuel, dum unus est, et in eo ipso utraque idem Deus et homo, quae utriusque naturae sunt, ueraciter gessit secundum aliud et aliud, quae gesta sunt, operans. Ergo secundum quod Deus, idem ipse quae diuina sunt, secundum quod homo idem ipse quae humana sunt, seipsum uolens ostendere, quod Deus idem ipse et homo sit, et ideo idem ipse tam quae diuina sunt, ait, quam quae humana, similiter et loquitur. Et non alius quidem miracula operatus est, alius perpetrauit humana passionesque sustinuit, sed unus idemque Christus Filius Dei atque hominis filius, qui et diuina gessit et humana.

78. Siquidem inseparabiliter atque indiuise communes Christus habuit actiones, sed intellegendae sunt ipsorum operum qualitates, contemplandumque semper ad quae prouehatur humilitas carnis, et ad quae inclinetur altitudo diuinitatis, ita ut per omnem textum sancti euangelii uideatur nihil caro sine uerbo agere, neque uerbum

---

1 si] in *L* || 2 coniunctam *NO* | non *om. N* | angeret *N*, haberet *C* || 3 est] esset *O* | et *om. O* || 3-7 eo ipso – homo sit *om. C* | 3 idem] idest *LCHMO* || 5-6 ipse idem egit *L* || 7 idem] idest *C*, *erasum H* | ipse *om. D* | homo *erasum H* | sit] agit *D* || 8 ait] agit *LNMO* | quam quae] quamquam *N* || 9 et loquitur *om. L* || 11 et[1] *om. L* || 16 sancti *om. BD*

---

personam, non ageret utique neque unus idemque Filius et Christus perfecte efficeret quae utriusque erant naturae. Quando enim deitas expers corporis naturaliter operata est, vel quomodo corpus deitate frustratum actiones operatum est quae essentialiter deitatis esse noscuntur? Verum Emmanuel, dum unus est, in eo ipso utraque, idest Deus et homo, quae naturae utriusque sunt, veraciter gessit secundum aliud atquae aliud, quae gesta sunt operans; secundum quod Deus quidem est, idem ipse est quae divina sunt; secundum quod homo, idem ipse est quae humana sunt, seipsum omnibus volens ostendere, quod Deus idem ipse et homo sit; et ideo ipse tam quae diuina sunt, agit, quam quae humana, similiter et dicit et loquitur. Non alius quidem miracula operatus est, alius autem perpetravit humana passionesque sustinuit, sicut Nestorius vult, sed unus quidem idemque Christus et Filius, qui et divina gessit et humana ». Vielleicht auch S. Cyrilli Scholia (Übersetzung des Marius Mercator), cap. 7 (PL 58, 1010 CD) : « Unus igitur Emmanuel, semel enim factus est homo Unigenitus, tunc cum per sanctam virginem generationem carnalem perpessus est ».

§ 78. Leo M., Ep. 165,6 (PL 54, 1163 BC) : « Licet ergo in uno Domino Jesu Christo, vero Dei atque hominis filio, verbi et carnis una persona sit, quae inseparabiliter atque indivise communes habeat actiones, intelligendae tamen sunt ipsorum operum qualitates, et sincerae fidei contemplatione cernendum est, ad quae provehatur humilitas carnis, et ad quae inclinetur altitudo deitatis : quid sit quod caro sine verbo non agit, et quid sit quod verbum sine carne non efficit.

sine carne quicquam efficere. Unde quod concipit et parit uirgo, sicut non sine potentia uerbi est, ita non sine ueritate carnis, quod nascitur, quod pannorum fasciis iacet inuolutum et in praesepio reclinatur. Porro quod stella duce a magis adoratur, sicut deitatis est, ita humanitatis, quod in Aegyptum per fugam, ne capiatur, abducitur.

79. Sic itaque omnia uirtutum opera consideranda sunt, ut reddamus Deo quae Dei sunt, et homini quae sunt hominis, quoniam sicuti est unus, Lazarum uerbo potentiae suae uocat, ut exeat foras a monumento, sic ipse idem unus est, qui fleuit humanitatis affectu. Sic quippe cuncta oportet considerare, quatenus et plena diuinitas in Christo intellegatur homini unita, et plena humanitas in Deum assumpta.

80. Haec idcirco dixerim tantisper de fide incarnationis Christi, carissimae, quia plures orientalium circumeunt suis fecibus obuoluti, ne suo nubilare uos uelint obscuritatis eloquio, uel graeco turbine latinam confundere puritatem. Sunt enim et prudentes uirgines; sunt et fatuae!

81. Et ideo, dilectissimae, imitamini quam amatis, imitamini beatam et gloriosam uirginem, cuius hodie in terris festa colitis. De qua

---

5 quod] cum *L* | perfuga *N* | adducitur *L* || 6 omnium *O* || 8 unus *add.* Deus *H*, *add.* qui *LND* | foris *BD* || 8-9 ad monumentum *N* || 9 est *add.* homo *H* || 14 carissimae *add.* quod *LH* | obvoluti] involuti *D*, *add.* moneri debuistis *L* || 15 suo] subito *M*, suo quomodo *O* | obnubilare *LM* || 18 amatis *add.* ita *CM* | imitamini[2] *om.* *L*

---

3 f. cf. Lc 2,7,12 || 4 Mt 2,2 ff. || 5 Mt 2,13 ff. || 8-9 cf. Jo 11,33 ff. || 16-17 cf. Mt 25,2 ff.

Sine verbi enim potentia nec conciperet virgo nec pareret, et sine veritate carnis obvoluta pannis infantia non iaceret. Sine verbi potentia non adorarent magi puerum stella indice declaratum, et sine veritate carnis non iuberetur in Aegyptum transferri et ab Herodis persecutione subduci ». In CYRILLUS' Scholien, cap. 8 (PL 58, 1012 A) : « Communes autem facit tamquam ex sua carne divinae suae maiestatis operationes ».

§ 80. CHRYSOLOGUS, Sermo 145 (PL 52, 590 B) : « Veniant, audiant, qui graeco turbine latinam nubilare nisi sunt puritatem, anthropotokon, christitokon, ut theotokon tollerent, blasphemantes ». Radbert selber in seinem Prolog zum Matthaeuskommentar (PL 120, 34 C) : « De caetero velim perpendant nostri, quantos et quales graecorum facundia in hoc eodem opere habeant tractatores, et tunc potuerint dignoscere, quibus latina paupertas (puritas ?) egeat documentis, quia profecto in manus nostras vix perpauca priorum venerunt commenta ». Vgl. oben S. 23.

§ 81. *Imitamini quam amatis.* RADBERT, Widmung seines Traktates De partu (PL 120, 1057) : « Vos eam (virginem) plurimum amare non ambigo ». Sermo 1

dicitur: 'Maria autem conseruabat omnia uerba haec', quae de Christo dicebantur, 'conferens in corde suo'. Conferte ergo et uos in cordibus uestris, carissimae, quae de ipso eodemque Domino catholice dicuntur, ut et fidem integram seruare possitis, et matrem eius debite uenerari, quoniam nullus honor eius alius, nisi cum ille iure honoratur, qui nasci dignatus est ex ea.

82. Ceterum rogo, quaecumque estis filiae, quaecumque matres, cogitate attentius et perpendite diligentius, quibus afficiebatur beata et intemerata uirgo doloribus post Christi ad caelos ascensum, expletis omnibus quae de ipso erant ab angelis praedicata, et a prophetis multifarie, multisque modis praesignata, diuinis declarata oraculis, uirtutibus exhibita, et quae humanitatis sunt ostensa praesagiis. Quaeso, si qua sunt in uobis uiscera pietatis, considerate quo cruciabatur amore, quoue desiderio aestuabat haec uirgo, dum reuolueret animo cuncta quae audierat, quae uiderat, quae cognouerat.

83. Puto quod quicquid cordis est, quicquid mentis, quicquid uirtutis humanae, si totum adhibeas, non sufficiat, ut cogitare ualeas,

---

2 dicebantur *add.* scilicet *L* || 5 eius *add.* est *L* || 7 quaecumque *N* | rogo] ergo *H* || 9 virgo *add.* Maria *L* || 13-14 cruciebatur *H* | quoue] quo *C*, quoque *L*, uel *H*

1-2 Lc 2,19 || 4 cf. 2 Tim 4,7 || 11 cf. Hbr 1,1

(PL 96, 242 A): « Ideo, dilectissimi (*sic* !), imitamini illam, dum vacat et tempus est, quam collaudant omnes sancti et diligunt, quae hodie processit electa de terris ad caelum ». Vgl. auch § 115.

Ut et fidem integram seruare possitis. Vgl. § 56 und § 74.

Nasci dignatus est ex ea. Ant. in vig. oct. [Nat.] Dni (PL 78, 741 A): « O admirabile commercium ! Creator ... de virgine nasci dignatus est ».

§ 82. *Cruciabatur amore.* Den psychologischen Konvenienzbeweis verbindet RADBERT hier mit der Ant. in Ass. (PL 78, 800 A): « Adiuro vos, filiae Ierusalem, si inveneritis dilectum meum, ut annuntietis ei quia amore langueo ». CHRYSOLOGUS, Sermo 147 (PL 52, 595 D): « Sciens ergo Deus visendi se desiderio cruciari lassarique mortales » etc. Das seelische Martyrium, das Radbert § 82-90 als Beweis für die Verherrlichung Mariens anführt, hatte bereits HIERONYMUS, Ep. 108, 31 in seiner Lobschrift über Paula so dargestellt (CSEL 55, 349): « Mater tua – schreibt er an Eustochium – longo martyrio coronata est, et non solum effusio sanguinis in confessione reputatur, sed deuotae quoque mentis seruitus cotidianum martyrium est, illi corona de rosis et uiolis plectitur, ista de liliis. Unde et in Cantico scribitur Canticorum: ‚Fratruelis meus candidus et rubicundus' ... Choris comitata uirgineis ciuis est salvatoris effecta et de paruula Bethlem caelestia regna conscendens » etc.

§ 83. CHRYSOLOGUS, Sermo 147 (PL 52, 595 B): « Denique tantum esset Dei amore succensus, ut ipse ardenter diligeret et alios, ut diligerent, sic moneret:

quanto indesinenter cremabatur ardore pii amoris, quantis mouebatur repleta Spiritu Sancto caelestium secretorum incitamentis. Quia etsi diligebat Christum ex toto corde et ex tota anima et ex tota uirtute, nouis tamen quotidie inflammabatur praesentia absens desideriorum affectibus, tanto siquidem ualidius, quanto diuinis illustrabatur intus uisitationibus. Quam totam repleuerat Spiritus Sancti gratia, totam incanduerat diuinus amor, ita ut in ea nihil esset, mundanus quod uiolaret affectus, sed ardor continuus et ebrietas perfusi amoris.

84. Nam et Christus ab omnibus est amandus ex toto corde et ex tota anima, atque ex tota uirtute quaerendus, maxime tamen ab ea ardentius, cuius et Dominus erat et Filius. Fortassis ergo prae nimio amore, in loco, quo sepultus dicitur, interdum habitasse eam credimus, quatenus piis pasceretur internus amor obtutibus. Sic namque locus medius est hinc inde constitutus, ut adire posset ascensionis eius uestigia, et locum sepulturae ac resurrectionis seu omnia, in quibus passus est, loca inuisere, non quod iam uiuentem quaereret cum mortuis, sed ut suis solaretur aspectibus.

---

1 amovebatur *L* || 2 sacramentorum *C* || 3 et[1] *om. CO* | et[2] *om. C* || 6 gratia *add.* quam *L* || 7 incanduerat] repleuerat *M* || 9 hominibus *L* | amandus *add.* et *BD* || 10 tamen *om. M* || 11 et[2] *om. C* || 12 sepulta *N* | eam] eum *C, om. NHMO* || 15 ac *add.* eius *M* | resurrectionis *add.* eius *C* | seu] et *L* || 17 consolaretur *L* ||

---

3 cf. Lc 10,27 || 16-17 f. cf. Lc 24,5

'Diliges Dominum Deum tuum ex toto corde tuo, ex tota anima tua et ex tota virtute tua'. Quidquid est cordis, quidquid mentis, quidquid virtutis humanae, ita Dei amore voluit possideri, ut hominis mundanus non haberet quid violaret affectus. Sed per haec quae memoravimus, ubi humana corda flamma divinae charitatis accendit, et humanis sensibus amoris Dei tota se fundit charitas, saucia mente coeperunt Deum carnalibus velle oculis intueri. Deum, quem mundus non capit, angustus quomodo capere poterat humanus aspectus ? »

§ 84. *Ascensionis eius uestigia.* ADAMNAN VON HY, De locis sacris 1,23-24 (CSEL 39, 246-247) : « Ideo itaque interior illa domus cameram supra collocatam non habet, ut de illo loco, in quo postremum diuina instíterant uestigia, cum in caelum Dominus in nube subleuatus est, uia semper aperta et ad aethera caelorum directa oculis in eodem loco exorantium pateat ... Igitur nostri Arculfi de loco uestigiorum Domini narratio cum aliorum scriptis recte concordat ... ut semper manifeste ab uniuersis eius frequentatoribus conspiciatur et dominicorum uestigia pedum in eiusdem loci puluere depicta clare demonstrentur. Haec enim eadem dominica uestigia ingentis claritudine lampadis ... illuminantur ».

Locum sepulturae ac resurrectionis ... inuisere. Hieronymus über Paulas Besuch der heiligen Stätten in Ep. 109,9 (CSEL 55, 315 : « Ingressa sepulchrum

85. Hoc quippe habet inpatiens amor, quae desiderat, ut semper inuenire se credat. Ignorat siquidem iudicium, ratione multotiens caret, modum nescit nec aliud cogitare potest, quam quod diligit. Amor non accipit de impossibilitate solatium, neque ex difficultate remedium. Quae licet beata uirgo, quamuis iam in spiritu esset, tamen dum in carne uixit, carneis mouebatur sensibus, et ideo quamsaepe locorum recreabatur uisitationibus et, quem genuerat, mentis complectebatur amplexibus. Denique amor Christi desiderium pariebat. Desiderium uero gliscens, quasi nouis reparabatur ardoribus intantum, ut credam, nonnumquam quod omnia etiam et semetipsam transcenderit, quia omnino amor impatiens, quod amat non potest non uidere. Hinc est, carissimae, quod omnes sancti omnia, quae meruerant, pro paruis duxere, si Dominum, quem amauerant, non uiderent, sicuti et uenerabilis beata Maria nondum dignum pro innumeris et immensis beneficiis reddebat interdum obsequium sanctitatis, dum beneficiorum in terris posita, non poterat uidere largitorem.

---

1 des. ut quae *L* | quae] quem *NDCOHMO* | ut *om. B* || 2 se *add.* posse *M* | multotius *BD* | carens *BDH* | modum *add.* amoris *H* || 3 nec aliud] neque enim *BD* || 5 licet] scilicet *L* | uirgo *add.* Maria *L* || 6 carneis] carnalibus *L* || 7 complectabatur *NHO*, complebatur *C* || 8-9 Christi desiderabat desiderium gliscens *C* || 9 credas *M* || 10 semetipsum *C* | transcenderet *L* | quia] quae *C* || 11 non[2] *om. M* || 13 Dominum] Deum *BCD* | sicuti et] Sic est *C* || 14 beata *add.* uirgo *LDH* | Maria *om. H* | non indignum *LH*, digna *C* | 14-15 pro inn. et Dominum sanctis beneficiis reddebat inter Dominum obs. sanct. *O* || 16 non *om. C*

---

5 f. cf. Rm 8,9 ; Gal 2,20 || 8 f. cf. Ph 1,23

---

resurrectionis osculabatur lapidem, quem ab ostio sepulchri amouerat angelus, et ipsum corporis locum, in quo dominus iacuerat, quasi sitiens desideratas aquas fide ore lambebat. Quid ibi lacrimarum, quantum gemitus doloris effuderit » etc.

§ 85. Chrysologus, Sermo 147 (PL 52, 595 B) : « Quid erit, quid debeat, quid possit, non respicit ius amoris. Amor ignorat iudicium, ratione caret, modum nescit. Amor non accipit de impossibilitate solatium, non recipit de difficultate remedium. Amor, nisi ad desiderata pervaserit, necat amantem, et ideo vadit quo ducitur, non quo debeat. Amor parit desiderium, gliscit ardore, ardor ad inconcessa pertendit. Et quid plura ? Amor, quod amat, non potest non videre. Hinc est quod omnes sancti omnia quae meruerant, parva duxerunt, si Dominum non viderent. Et revera, fratres, quomodo pro beneficiis reddet obsequium, si beneficiorum non videat largitorem ».

Quamuis iam in spiritu esset. Ant. in Ass. (PL 78, 800 A) : « Maria exultavit in spiritu » etc., mit Anspielung auf Luc. 1,47 : « Et exultavit spiritus meus in Deo salutari meo ».

86. Et ideo hodie, dilectissimae, 'eleuatur super choros angelorum', ut possit speciem uultumque uidere saluatoris, quem amauerat, quem cupierat ex toto desiderio cordis. Quod si gaudium fit in caelo de quolibet peccatore conuerso, multo magis putandum pro tantae uirginis exaltatione et gloria, quod exultatio sit in supernis, cuius nimirum festiuitas omnium supernorum ciuium est gratulatio, praesertim quia eius celebritas, laus et fauor est saluatoris.

87. Unde credimus, ut supra dictum est, quod non hunc tantum diem sollemnem ducunt pro eius honore annuum, uerum continuum etiam et aeternum, iocunditatis ac laetitiae uenerationis obsequio cum omni colunt tripudio amoris et gaudii. Nec immerito igitur omnis illa caelestis ciuitas congratulatur et ueneratur matrem, cuius super se adorat filium regem, ante quem tremunt potestates, et curuatur omne genu.

88. De huius nimirum ad caelos ascensione multo admirantis intuitu, secretorum contemplator caelestium in Canticis, 'Uidi, inquit, speciosam ascendentem quasi columbam desuper riuos aquarum'. Et uere 'speciosa quasi columba', quia illius speciem columbae ac simplicita-

3 concupierat *BD* | fit] sit *MO* || 5 quod] quod enim *D*, quae enim *B* | sit] fiat *L* || 9 dicunt *L* || 10 et *om.* *M* | iocunditas *NMCMO* | ac] et *L* | laetitiae *add.* ac *L* | amoris et gaudii] et amoris gaudio *D*, gaudio *B* || 14 super] semper *H* | adorat *add.* et ueneratur *O* || 15 huius] cuius *MO* | admirantur *M*, admirans *O* || 16 caelest. *add.* unde est *N* || 17-18 desuper riuos – quia *om.* *M* || 18 ac *om.* *M*

3 f. cf. Lc 15,7 || 13 Is 45,24 ; Rm 14,11 ; Ph 2,10 || 16-17 cf. Apc 7,2 ; Cant 1,14 ; 2,13 ; 3,6 ; 5,12 ; 6,12 ; 8,5 || 18 cf. Mt 10,16

§ 86. *Eleuatur super choros angelorum.* Ant. in Ass. (PL 78, 798 D) : « Exaltata es, sancta Dei genitrix, super choros angelorum ad coelestia regna ». Vgl. unten Anm. zu § 93-94.

Quod si gaudium fit in caelo etc. Radbert, Sermo 1 (PL 96, 248 BC) : « Quia et si gaudium est in coelo super uno peccatore convertente in terris (Luc. 15, 7), multo magis gaudere credendum in coelo de adventu et gloria tantae virginis ». Die gleiche Argumentation « quanto magis » bzw. « multo magis » in §§ 24, 50, 95, 98.

§ 87. *Supra dictum est,* nämlich in § 51.

Tripudio amoris et gaudii. Radbert, Sermo 1 (PL 96, 248 B) : « In cuius adventu tripudiat ordo caelorum ». *Tripudium* und *tripudatio* kommen in der gallikanischen Liturgie oft vor. Vgl. Capelle, La messe gallicane 42.

§ 88. *Uidi speciosam ... riuos aquarum ... odor inaestimabilis erat nimis.* Hier läßt das Gedächtnis Radbert im Stich. Die Stelle steht nicht im Hohelied ; sie bildet den Anfang des 1. Resp. in Assumpt. (PL 78, 798 A) : « Vidi speciosam

tem praemonstrabat, quae super Dominum uenit, et docuit Iohannem, quod 'hic est qui baptizat'. Et bene 'desuper riuos aquarum', quia 'super aquam refectionis' educauerat eam Dominus et nutrierat, ex qua multi deducti riui, omnem irrigant terram deliciarum et infundunt hortum uoluptatis, ex quibus quotidie lota et perfusa beata Dei genetrix ascendit hodierna die speciosa valde et admirabilis, 'cuius odor inaestimabilis erat nimis', et ideo ineffabilis.

89. Ad cuius profecto fragrantiam odoris, omnis illa caelestis Hierusalem laeta decurrit, quam 'circumdabant flores rosarum et lilia conuallium', eo quod omnes animae martyrio rubricatae eam aeternae dilectionis complectuntur amplexibus, et uirginitatis splendore candidatae acsi lilia in ualle humilitatis enutritae circumdant eam uenerationis gratia obsequentes.

90. Recte igitur, quoniam beata Dei genetrix et martyr et uirgo fuit, quamuis in pace uitam finierit. Hinc quoque quod uere passa sit, Symeon propheta loquens ad eam: 'Et tuam, inquit, ipsius

1 demonstrabat *L* || 3 nutriuerat *LNBCO* || 4 omnem *om. H* | infudit *N* || 5 lota] ita *L* || 7 inaestim. *om. BC* | erat nimis *om. C* | ineff.] inaestimabilis *C* || 8 fragrantia *N* || 14 quoniam *om. D* || 15 uitam *om. RD* || 16 sit *add.* testatur *L* | ipsius *om. DH*

1 cf. Jo 1,32 f.; Mt 3,16; Mc 1,16; Lc 3,22 || 2 Cant 6,12 || 3 Ps 22,3 || 4 cf. Gen 2,6-10 || 9 f. cf. Eccli 50,8; Cant 2,1 || 16 f. Lc 2,35

sicut columbam ascendentem desuper rivos aquarum, cuius inaestimabilis odor erat nimis». Dieses Resp. wurde nach dem Schema von Apoc. 7,2: «Vidi alterum angelum descendentem» usw. nachgebildet; das Material aber lieferten zerstreute Stellen im Hohelied und Ps. 22,3.

§ 89. *Circumdabant flores rosarum et lilia conuallium.* Fortsetzung des eben erwähnten Responsoriums: « Et sicut dies verni circumdabant eam flores rosarum et lilia convallium ».

Rubricatae ... candidatae. HIERONYMUS, Adv. Iov. I 31 (PL 23, 265 D): « Fratruelus meus candidus et rubicundus (Cant. 5,10), candidus in virginitate, rubicundus in martyrio ». – Parallele bei RADBERT, Sermo 2 (PL 96, 252 AB): « Quam martyres candidati beatificant ... clarissima inter virgines, candidior inter martyres, quia etsi illi martyrio coronati dealbarunt stolas suas, et candidas eas fecerunt in sanguine agni (Apoc. 7,14), nihilominus haec beata et venerabilis virgo candidior praedicatur, eo quod etsi corpora martyrum pro Domino supplicia pertulerunt, nihilominis haec admirabilis virgo in anima passa, teste Domino, comprobatur ». Vgl. oben Anm. zu § 82.

§ 90. AMBROSIUS, In Luc. 2,35 (CSEL 43^{4}, 74): « Nec littera nec historia docet ex hac vita Mariam corporalis necis passione migrasse. Non enim anima, sed corpus materiali gladio transuerberatur, et ideo prudentiam Mariae haut ignaram mysterii caelestis ostendit. Uiuum enim uerbum Dei et ualidum et

animam pertransibit gladius'. Ex quo constat, quod alii namque sancti, etsi passi sunt pro Christo in carne, tamen in anima, quia immortalis est, pati non potuerunt. Beata uero Dei genitrix, quia in ea parte passa est, quae impassibilis habetur, ideo ut ita fatear, quia spiritaliter et atrocius passa est gladio passionis Christi, plus quam martyr fuit. Unde constat, qui plus omnibus dilexit, propterea et plus doluit, intantum ut animum eius totam pertransiret et possideret uis doloris, ad testimonium eximiae dilectionis. Quae, quia mente passa est, plus quam martyr fuit, nimirum et eius dilectio amplius fortis quam mors, quia mortem Christi suam fecit.

1 quod *add.* supra martyrem fuerit *L* | namque *RBD*^{1}*M*] plerique *D*^{2}, *om. CO, delevit H* || 2 etsi] et *M* || 3 Beata *om. H* || 4 spiritualiter *LM* || 5 atrocius] atotius *N*, caro eius *L* || 6 doluit *add.* omnibus *D* || 9 et] quod *LH*

9 f. cf. Cant 8,6

acutum omni gladio acutissimo, penetrans usque ad diuisionem animae et spiritus artuumque et medullarum cogitationes cordis et secreta scrutatur animorum, quia nuda mentium et aperta sunt omnia filio, quem conscientiae secreta non fallunt ». – AUGUSTINUS, Epist. 121 (CSEL 34, 738-741) : « Numquid de passione Mariae, quae nusquam scripta est, hoc prophetasse [Symeon] credendus et, an uero de materno eius affectu, quo postea in tempore passionis adsistens cruci, qua hoc erat fixum, quod ipsa pepererat, maternorum uiscerum dolore confixa est et animam illius illa, quae eius secundum carnem filium ipsa spectante confoderat, crucis rumphea penetrabat ? Uideo enim et in psalmis de Ioseph ita dictum : '... ferrum pertransiit animam eius', sicut in euangelio dixit Symeon : 'Et tuam ipsius animam pertransibit gladius'. Non enim ait 'carnem', sed 'animam', in qua pietatis affectio continetur et doloris aculeus quasi gladius operatur ..., ut in Maria, quam utique ad crucem Domini ... materna mens duxerat ... Sed redeamus ad uerba Symeonis, in quorum clausula intellectum meum calligare fateor ... Secundum litteram hoc mihi penitus obscurum est, quia nec Mariam beatissimam usquam legimus occisam, ut de corporali gladio sanctus ille ei futuram passionem prophetasse uideatur. Sed quod subicit : 'Ut reuelentur multorum cordium cogitationes' – 'scrutans, enim inquit, corda et renes Deus » – et de futuro iudicio apostolus ait, quia ,tunc manifestabit Deus operta cordium et occulta tenebrarum', itidemque apostolus spiritualiter exprimens arma caelestia, quibus in interiori nostro debeamus armari, ,gladius spiritus' dicit 'uerbum Dei', de quo ad Hebraeos ait : 'Uiuus est sermo Dei et efficax et penetrabilior omni gladio anipiti, pertingens, inquit, usque ad diuisionem animae ac spiritus' ... Hoc scire cupio : Quid ad Mariam pertineret, ut reuelarentur multorum cordium cogitationes', aut ubi apparuit, quia ex eo, quod animam eius siue carnalis in ferro siue spiritualis gladio in uerbo Dei pertransiret, exinde multorum cogitationes reuelatae sint ». – AMBROSIUS AUTPERT, Sermo in Assumpt. (PL 39, 2130 § 3) : « Sed nec invenitur apud latinos aliquis

91. Nunc autem 'circumdant eam flores rosarum' indesinenter eius admirantes pulchritudinem inter filias Hierusalem, in qua 'posuit rex thronum suum, quia concupiuit eius speciem' ac decorem. Fuit enim 'plena caritate et dilectione'. Idcirco sequitur post eam purpuratorum exercitus et candidatorum grex.

92. Quam si diligentius aspicias, nihil uirtutis est, nihil speciositatis, nihil candoris gloriae, quod ex ea non resplendeat. Et ideo bene 'circumdant eam flores rosarum et lilia conuallium', ut uirtutes uirtutibus fulciantur, et formositas decore castitatis augeatur. Nam omnis splendor et gloria, quanto illustratur fulgore suo sublimius, tanto apparet praestantior claritate quorumlibet subiectorum et eximior praedicatur. Sic et beata Dei genetrix, cuius candor uirginitatis acsi 'plantatio rosae in Iericho', specialius refulsit, circumdata officio caritatis splendidius enituit.

---

2 qua] quam *N* || 4 post *om. C* || 5 grex *LBDHO*] greges *cet. codd.* || 7 gloriaeque *L* | respondeat *H* || 9 Nam *add.* et *M* || 10 et *om. C* | gloriae *C* || 12-13 cuius – refulsit] cuius pl. acsi ros. in Ier. spec. refulsit et candor virg. *LNCHMO* || 13 refulsit *add.* cum L, *add.* et *B* | circumdatur *NMO*, *om. C* || 14 splendidus *M*, splendius *CD* | emicuit *L*

---

1 cf. Cant 5,8-9 || 2-3 cf. Ps 44,5 || 4 cf. Apc 14,4

---

tractatorum de eius morte quidpiam asseruisse. Nam illum versiculum, quem Symeon dicit ad matrem : 'Et tuam ipsius animam pertransibit gladius' beatae recordationis Ambrosius, cum tractaret, ait : 'Nec historia nec littera docet Mariam gladio vitam finisse'. Hinc et Isidorus : 'Incertum est, inquit, per hoc dictum, utrum gladium spiritus an gladium dixerit persecutionis ». – Parallele bei Radbert, Sermo 2 (PL 96, 252 B) : « Ait enim Simeon vel Dominus ad eam : 'Et tuam ipsius animam pertransibit gladius' (Luc. 2,35). Quod si gladius usque ad animam pervenit, quando ad crucem stetit, fugientibus apostolis, cum videret Dominum pendentem, etiam plus quam martyr fuit, quia in animo non minus amoris quam moeroris est intus gladio vulnerata. Parata enim stetit, si non deesset manus percussoris. Beata Dei genitrix iure plus quam mater (*legas* : martyr) est, quae nimio amore vulnerata exitit salvatoris et pro (*legas* : prae) moerore in animo cruciatum sustinuit passionis ». Vgl. oben Anm. zu § 82.

§ 91. *In qua posuit rex etc.* Resp. in Ass. (PL 78, 798 B) : « Veni electa mea, et ponam in te thronum meum, quia concupivit rex speciem tuam. Specie tua et pulchritudine tua, intende, prospere procede et regna ».

Plena caritate et dilectione. Resp. in Ass. (PL 78, 798 B) : « Ista est speciosa inter filias Jerusalem, sicut vidistis eam plenam caritate et dilectione in cubilibus et in hortis aromatum ».

§ 92. *Omnis splendor et gloria, quanto illustratur fulgore suo sublimius, tanto apparet praestantior claritate quorumlibet subiectorum.* Ein Prinzip der pseudo-

93. Submittitur sanctorum claritas, ut eius amplior gloria commendetur, quae 'super angelorum choros' eleuata iam 'beatissima' praedicatur. Nam angelorum quamuis celsior natura sit, non tamen gratia maior, quia et ipsi gratuita gratia, ne corruerent, sunt saluati. Unde Dauid: 'Uerbo, inquit, Domini caeli firmati sunt, et spiritu oris eius omnis uirtus eorum'. Quod si spiritu Dei omnis uirtus eorum, constat beatam et gloriosam uirginem, in quam superuenit Spiritus Sanctus et Deus totus illapsus portatur nouem mensibus in utero, credendum ampliora promeruisse uirtutum priuilegia, et percepisse gratiam ab angelis etiam collaudatam.

94. Unde etsi mirabilis est eorum uirtus et firmitas perpetuitatis, mirabilior tamen Maria, quam obumbrauit uirtus altissimi, ut ultra omnem uirtutem sit angelicam quod factum est in ea et admirabile cunctis saeculis sacramentum. Ac per hoc etiam angelis exinde maior praestatur gratia, cum instaurantur ab eo omnia, quem uenerantur et adorant super se Christum regem, Dominum natum ex eadem uirgine. Hinc et Maria cunctis tanto uenerabilior, quanto gratiosior, et quanto uirtute altissimi extollitur ad sublimia, tanto clarior resultat in gloria.

1 submittitur *add.* illi *L* | claritati *C* | amplior] amplius splendor et gloria *L* | gloriae *C*, gloriam *M* || 2 iam beata iam beatiss. praed. *N*, iam beata praed. et iam beatiss. *L* || 3 sit *om. H* | non] ipsa *C* || 4 ipsi] ipsa *BD* || 5-6 et spir. – eorum *om. C* || 6 Dei] oris *L* | eorum *om. O*, *add.* subsistit *L* || 7 virg. *add.* Mariam *L* || 8 portatum *L* || 9 credendum *RBD*, ut credendum est *L*, *om. NHMO* | ampliora *om. D* | meruisse *MO* | virt. priv. *om. M* | percepisse *add.* praeterea *M* || 12 tamen *add.* in *L* || 15 eo] ea *L* | quem] quae *LH* || 17 gloriosior *BD*

5 ff. Ps 23,6 || 12 f. cf. Lc 1,35 || 15 cf. Eph 1,10

dionysianischen Lehre von der Hierarchie der Werte. Ob Radbert die Übersetzung Hilduins (832-35) benutzt hat, konnte nicht festgestellt werden.

§ 93. *Super angelorum choros eleuata.* Ant. in Ass. (PL 78, 798 D) : « Exaltata es, sancta Dei genitrix, super choros angelorum ad caelestia regna ». Radbert, Sermo 2 (PL 96, 252 A) : « Haec virgo gloriosa refulget super choros, ut cantatur, angelorum ».

Iam beatissima praedicatur. Resp. in Ass. (PL 78, 798 B) : « Ornatam in monilibus filiam Sion Dominus concupivit et videntes eam filiae Sion beatissimam praedicaverunt », und (PL 78, 799 D) : « Viderunt eam filiae et beatissimam praedicaverunt et reginae et concubinae laudaverunt eam in aeternum ».

§ 94. *Admirabile cunctis saeculis sacramentum.* Weihnachtsantiphon (PL 78, 734 B) : « O magnum mysterium et admirabile sacramentum » etc.

95. Plena siquidem gratia, plena Deo, plena uirtutibus, non potest non possidere pleniter gloriam claritatis aeternae, quam plenissime accepit, ut mater fieret saluatoris. 'Quam uiderunt omnes filiae Sion, et beatam dixerunt, ac reginae laudauerunt eam', quoniam tantam eam uiderunt, quantum nullus narrando explebit mortalium, quanto magis Deum, qui talem ac tantam fecit eam, ut ipse fieret per eam ? Unde Dauid : 'Et homo, inquit, natus est in ea, et ipse fundauit eam altissimus'.

96. Beata igitur talis ac tanta natiuitas, beata et supernorum ciuium societas, et admirabilis caritatis eorum unanimitas, ubi nemo angelorum, nemo archangelorum, non dico beatae Mariae uirginis, uerum neque alicuius sanctorum inuidet gloriam, sed totum in altero unusquisque possidet, quod gratis praestatur omnibus, ut de omnibus et 'in omnibus glorificetur Deus', honoretur, et adoretur ab omnibus. Ubi non sexus, non aetas, non dignitas generis, sed meritorum qualitas sola discernitur. Ubi plurimum 'stella ab stella differt in claritate', quamuis omnes in suo sint ordine suscitandi. Quodsi est 'alia claritas solis, et alia claritas lunae, et alia claritas stellarum', una tamen claritas est qua illustrantur omnia.

97. Idcirco beata Dei genetrix, quae adhuc tantis in terra praedicatur laudibus, non immerito creditur hodierna die exaltata et clarificata, quantum nouit illle, qui eam elegit in sua sapientia, et 'disponit omnia'. Quodsi 'in domo Patris mansiones multae sunt', credimus splendidiorem matri hodie Filium praestitisse, quam olim aedificauit domum subnixam columnis septem. In qua nimirum domo parantur

1 gratia *add.* et *D* || 2 plene *L* || 4 beatissimam praedicaverunt *L* || 6 magis *add.* quidem *H* || 11 virginis Mariae *L*, Mariae *om. BD* || 12 sed *erasum B* || 14 et adoretur *om. H* || 16 sola *om. D* || 16-17 in clar. – suscitandi *om. M* || 19 omnes *BD* || 21 exaltata *add.* et glorificata necnon *L* || 22-23 et disponit] qua disposuit *L* || 24 splendidiorum *H* | quam *add.* sibi *LOM*

3 f. Cant 6,8 || 8 Ps 86,5 || 14 Petr 4,11 || 16 1 Cor 15,41 || 21 cf. Lc 1,48 || 22 Sap 8,1 || 23 Jo 14,2 || 24 f. Prov 9,1 || 25 f. cf. Mt 22,8 ff.; Apc 19,7 ff.; Lc 12,36

§ 95. *Quam viderunt omnes filiae Sion etc.* Vgl. die Ant. in § 93.

Quanto magis. Wiederum der Beweis a fortiori wie in § 24, 50, 86, 98.

§ 97. *Domum subnixam columnis septem.* Radbert, Sermo 3 (PL 96, 257 C) : « Bona siquidem domus, carissimi, in qua tota simul divinitas illabitur verbi, in qua sapientia Dei Patris septem sibi columnas erexit, super quam omnis innititur domus et fabricatur Ecclesia ».

nuptiae ecclesiarum Dei, et foederantur terrenis caelestia. In eo namque utero uirginis sponso immortali uirginitas consecratur, ut sit totum caeleste commercium.

98. Et ideo, carissimae, celebrate sollemniter uirginis festum, quae caelestem uobis uitam in terris ostendit, quoniam qui 'non nubent neque nubentur, erunt sicut angeli in caelo'. Nec mirum si angelis comparatur uirginitas, quae angelorum Domino foedere copulatur nuptiarum. Et si quaelibet uirginitas tantum erigitur, ut angelis comparetur, multo magis beata et gloriosa uirgo, quae singulari commendatur priuilegio et immenso ditatur mercimonio.

99. Idcirco, dilectissimae, amate quam colitis, et colite quam amatis, quia tunc eam uere colitis et amatis, si imitari uelitis de toto corde, quam laudatis. Haec namque uita uobis de caelo fluxit, quam professae estis. Supra usum naturae haec uita est, quam tenetis, et ideo de caelis uenit sponsus, quem sequi una cum matre debetis. Nec immerito uiuendi usum de caelo quaesistis, quae uobis de caelo sponsum petistis.

---

1 caelestium *H* || 4 celebrantes *NM* || 10 dicatur *L*, datur *H* || 12 amatis[1]] amastis *N* || 13 uita] ut a *N*, uitam *BD* || 15 et ideo *om. L* | de *om. O* | de caelo *om. D* | una *om. L* || 17 petistis] quaesistis *B*

---

4 f. Mt 22,30

Coeleste commercium. Ant. in vig. oct. [Nat.] Dni ad vesp. (PL 78, 741) : « O admirabile commercium ». Radbert, Sermo 3 (PL 96, 257 C) : « Cuius anima templum extitit, in quo factum commercium nostrae redemptionis ». Ambrosius Autpert (Ps.-Aug., Sermo 208 § 4 ; PL 39, 2131) : « Merito itaque beata singulari a nobis praeconio extollitur, quae singulare commercium mundo praebuit ». Chrysologus, vgl. Anm. zu § 26 und Sermo 147 (PL 52, 594 A) : « corporis inire commercium. »

§ 98. Ambrosius, De virginibus 1,3 (PL 16, 2028) : « Postremo non meum est illud, quoniam quae non nubent, neque nubentur, erunt sicut angeli in caelo (Mt 22,30). Nemo igitur miretur, si angelis comparentur, quae angelorum Domino copulantur. Quis igitur neget hanc vitam fluxisse de coelo, quam non facile invenimus in terris, nisi postquam Deus in haec terreni corporis membra descendit ? Tunc in utero virgo concepit et verbum caro factum est, ut caro fieret Deus ». Ambrosius, De virginitate VI, 27 (PL 16, 286 C) : « Si quasi novum, quasi inutile reprehendatur ..., improba ergo vota omnium, improba vita est angelorum, quam gratia resurrectionis imitatur ; qui enim non nubunt neque ducunt uxores, erunt sicut angeli in coelo (Matth. 22,30) ».

§ 99-100. Ambrosius, De virginibus I 3 (PL 16, 202 A) : « Quis autem humano eam (virginitatem) possit ingenio comprehendere, quam nec natura suis

100. Ideo uestra 'conuersatio in caelis' sit semper, quoniam uerbum Dei, quod amatis, nonnisi 'in sinu Patris' inuenitur. Licet igitur ubique totus sit et 'non longe ab unoquoque nostrum', tamen nonnisi casto rursus hauritur pectore. Prope est enim, inquit Moyses, in corde tuo et in ore tuo, tantum eum recto 'si quaesieris corde'. 'Unguentum enim exinanitum est nomen eius'. Propterea acsi adolescentulae diligite animo, quod pro uobis 'effusum est'.

101. Habetis namque sponsum uirginem, uirginitatis et castitatis amatorem, qui matrem uirginem ideo elegit, ut ipsa omnibus esset exemplum castitatis, quae quasi in speculo refulget forma uirtutis. Habetis igitur in ea magisteria probitatis expressa, quid primum eligere, quid respuere, quid sequi debeatis.

---

4 rursus] sursum *L* || 6 enim *om. L* eius] tuum *BD* | acsi *om. L* || 8 namque *add.* sanctae virgines *L* || 9 ideo *om. O* || 10 quae quasi] in qua velut *L et Ambrosius*

---

1 Ph 3,20 || 2 cf. Jo 1,18 || 3 cf. Act 17,27 || 4 f. cf. Dt 4,29 || 5 ff. cf. Cant 1,2 || 7 Cant 1,2 (Vulg)

---

inclusit legibus ? Aut quis naturali voce complecti, quod supra usum naturae sit ? E caelo accersivit quod imitaretur in terris. Nec immerito vivendi sibi usum quaesivit e coelo, quae sponsum sibi invenit in coelo. Haec nubes, aera, angelos sideraque transgrediens, Verbum Dei in ipso sinu Patris invenit et toto hausit pectore. Nam quis tantum cum invenerit, relinquat boni ? Unguentum enim exinanitum est nomen tuum. Propterea adolescentulae dilexerunt te, et attraxerunt te' (Cant. 1,1) ».

§ 100. *Acsi adolescentulae diligite.* Ant. in Ass. (PL 87, 799 B) : « In odore unguentorum tuorum currimus ; adolescentulae dilexerunt te nimis ».

Effusum est. Resp. in Ass. (PL 78, 798 B) : « Ornatam in monilibus ... videntes eam filiae Sion beatissimam praedicaverunt dicentes : Unguentum effusum nomen tuum », und Ant. in evang. (PL 78, 799 C) : « Unguentum effusum nomen tuum, Dei genitrix, et recti diligunt te ».

§ 101. Ambrosius, De virginitate 2,2 (PL 16, 220) : « Sit igitur vobis tamquam in imagine descripta virginitas vita Mariae, de qua velut speculo refulgeat species castitatis et forma virtutis. Hinc sumatis licet exempla vivendi, ubi tamquam in exemplari magisteria expressa probitatis, quid corrigere, quid effugere, quid tenere debeatis ostendunt ». Radbert in Ps. 44 (PL 120, 1055 A) : « Unde sit vobis tamquam in imaginem ipsa eius descripta virginitas, sit in exemplum eius humilitatis omnesque virtutes eius forma pulchritudinis. Quae tunc eam vere diligitis, si imitari contenditis, si refulgeat vobis in speculo castitatis, et si fuerit species virtutis. Sumite ab illa exempla vivendi, formam pudicitiae, in qua sunt magisteria expressa probitatis, quid corrigere, quid refugere, quid tenere debeatis ».

102. Prima eius uirtus est fundamentum omnium uirtutum et custos humilitas ipsa, de qua gloriatur, 'quia respexit, inquit, humilitatem ancillae suae, ecce enim ex hoc beatam me dicent omnes generationes'. Ergo primum discendi incitamentum, nobilitas est magistri, deinde merces laboris optimi, fructus beatitudinis.

103. Quid igitur nobilius matre Domini, quid splendidius ea, quam splendor elegit paternae gloriae ? Quid castius, quae corpus Christi sine contagione corporis generauit ? Et tamen in ea solam humilitatem respexisse Dominum profitetur, quae custos est ceterarum uirtutum. Collocauerat enim in tuto stationis portu sublimia meritorum suorum exercitia, et ideo diuinitus illustratur. Unde Dominus : 'Ad quem respiciam nisi ad humilem et quietum, ac trementem sermones meos' ? Fecit enim quod promiserat, et 'respexit humilitatem ancillae suae'. Unde et beata iam ab omni saeculo dicitur.

3 dicunt *N* || 6 ea] eam *M* | solum *L* || 7 castius *add.* ea *L* || 9 confitetur *L* || 11 Dominus *add.* ait *L* || 14 dicitur] praedicatur *L*

2 ff. Lc 1,48 || 7 cf. Hbr 1,3 || 11 f. Is 66,2

§ 102. Ant. in Ass. (PL 78, 798 D) : « Haec est virgo sapiens, prudens et humilis, propter quod in aula regis enutriri meruit, propter quod et meruit vocari regina caelorum ». Resp. in Ass. (PL 78, 798 B) : « Beatam me dicent omnes generationes ». Ambrosius, De virginibus 2,2 (PL 16, 220 B) : « Primus discendi ardor nobilitas est magistri ». Hieronymus, Ep. 108, 15 (CSEL 55, 325) : « Quia prima christianorum virtus est, tanta se humilitate deiecit [Paula], ut ... ipsam esse non crederet, sed ancillarum ultimam ». Ambrosius Autpert, Sermo in Ass. § 10 (Ps.-Aug., Sermo 208 ; PL 39, 2133) : « Hinc etiam haec virgo gloriosa beatam se dici ab omnibus generationibus manifestat, eo quod eius humilitatem Deus respexit » etc. Radbert in Ps. 44 (PL 120, 1055 A) : « Nam prima discendi incitamenta nobilitas seu fama magistri est. Fama autem beatae virginis est, quia beatificatur ab omnibus, quia humilitas eius respecta est ».

§ 103. Ambrosius, ibid. : « Quid nobilius Dei matre ? Quid splendidius ea, quam splendor elegit ? Quid castius ea quae corpus sine corporis contagione generavit ? ». Radbert in Ps. 44 (PL 120 1055 AB): « Nobilitas vero, quod nihil Dei matre nobilius est ; nihil splendidius ea, quam splendor paternae gloriae generavit. Nihil castius ea, quae Deum hominem sine corporis contagione generavit ». Radbert, Sermo 1 (PL 96, 241 AB) : « Quapropter discite, charisssimae, humiliari ; discite mites esse, quoniam haec est sola virtus, quam in me Dominum respexisse praecipue gloriatur, ut et vos ex eadem humilitate gloriari possitis ; nam et ipsa regina nostri orbis dicitur ». Sermo 3 (PL 96, 255 BC) : « Fundata enim erat profunda humilitate, et dilatata in caritate ; propterea hodie tam sublimiter est exaltata ... Nam humilitas custos reliquarum virtutum est ... Nihil nobilius, fratres, Dei matre invenitur, quae se profitetur ancillam, nihil splendidius [ea] quam splendor elegit gloriae ».

104. Idcirco et uos, o filiae, si uere uirgines esse uultis, humilitatem sectamini, et matrem Domini, quae se ancillam uocat, corde amoris imitari procurate. Quae didicit ab ipso sponso, cui uos deuouistis, humilitatem, quam uos ex se docuit. Unde ait idem : 'Discite a me, quia mitis sum et humilis corde'. Non ergo beata Dei genitrix a filio suo Domino nostro didicit caelos fabricare, non angelos creare, non miracula deitatis insignia operari, sed tantum humiliari, ceteraque uirtutum documenta intra humilitatis custodiam aggregare.

105. Unde cum ea semper singularum uirtutum pudicitia comes inremota mansit, quia omnino pudor indiuiduus uirginitati esse debet, sine quo recte castitas uera seruari non potest, Numquam igitur beata Maria sine pudoris sui custode processit. Et ideo, si placet uobis, carissimae, talis ac tanta uirgo, placeat et opus uirtutis, cuius uita omnium disciplina est, cuius mores instituta sunt ecclesiarum, quae praecellit cunctis, supereminet uniuersis. Propterea quaecumque uirgo sibi ab ea optat praemium et implorat auxilium, debet imitari exemplum.

106. Rogo uos o uirgines, rogo et uiduae, imitamini Paulam, matrem uiduam, exemplar continentiae et castitatis ; imitamini Eustochium, quam habetis uobiscum uirginem et formam perfectae inte-

1 Idcirco et uos *erasum R* || 2 cordis amore *L* || 4 humilitatem *add.* ueram *BD* | quam uos ex se docuit] enixius obtinere *D* || 12 beata *add.* virgo *L* || 14 omnibus *M* || 15 praecessit cunctos *L* || 18 imitamini *add.* et *N* | formosam *L*

4 f. Mt 11,29

§ 104. Cassian, De incarnatione II 2,5 (CSEL 17, 248) : « Si enim ad fabricandos caelos, fundendam terram, creandum mare, sedes denique et thronos et angelos et archangelos et principatus et potestates, si ad creandum postremo omnem caelestem militiam et ad illa innumera diuinorum exercituum milium milia sola sibi tantum uoluntate imperiumque sufficit ».

§ 105. Ambrosius, De virginibus 2,2 (PL 16, 222 B) : « Ubique in virgine comes singularum virtutum est pudor. Hic individuus debet esse virginitati, sine quo non potest esse virginitas. Nec ad templum igitur Maria sine pudoris sui custode processit. Haec est imago virginitatis. Talis enim fuit Maria, ut eius unius vita omnium sit disciplina. Si igitur auctor non displicet, opus probemus, ut quaecumque sibi eius exoptat praemium, imitetur exemplum ». – Radbert, Sermo 3 (PL 96, 255 BC) : « Humilitas comes reliquarum virtutum est ».

§ 106. *Imitamini Paulam.* Später, als Theodrada gestorben und Imma ihr als Äbtissin gefolgt war, schrieb Radbert über Imma-Eustochium in der Widmung seines Kommentars zu Ps. 44 (PL 120, 993 A) : « a Deo constituta est

gritatis. Quodsi minus in illis est quam in matre Domini, immo quia est, habetis prole fecundam et uirginem perpetuam. Quia sicut in comparatione Dei nemo bonus, ita et in comparatione matris Domini nulla inuenitur perfecta, quamuis uirtutibus eximia comprobetur.

107. 'Unus est Pater uester qui in caelis est, unus et magister', una est et forma uirginitatis in Maria, cui uos omnes, ut imaginem reformetis integritatis, faciem imprimere debetis in sculptura Spiritus Sancti, quoniam haec est 'hortus conclusus, fons signatus, puteus aquarum uiuentium'. Ad quam nulli potuerunt doli irrumpere, neque praeualuit fraus inimici, sed permansit sancta mente ac corpore, multis donorum priuilegiis sublimata. Idcirco hanc imitamini moribus, sequimini castitate, huius implorate auxilium.

108. Quodsi me, quia ita loquor, praesumptionis uelit arguere inuidorum aliquis, et quod uobis scripserim, arguat caritatem atque dilectionem, quia rogantibus uobis ne hoc quidem inexpertus iudicaui negandum. Malui enim excipere ruborem pudoris, quam non exsequi iussionem uestram, quarum precibus nonnumquam Dominus noster oboedire uidetur, praesertim cum habeatis uobiscum, quas imitari uirtutis est, cum quibus discere potestis affectum a me potius quam magisterium, quod ad laudem huius diei requisistis.

109. Unde excusare non debui propter obseruantiam grauitatis, ne impertierem deuotioni uestrae, quae mandastis. Quodsi docere nequiui, saltem ad laudem tantae uirginis exhortari omnino curaui, quatenus non deessem uobis, quem diligitis, in die tantae festiuitatis, sed iungerer precibus, iungerer uotis, quomodo mente ad ea uobiscum

1 illis] eis *L* | est in illis *P* || 2 secundam *P* | uirginem] uirginitate *O* | et *om. BD* || 4 eximiis *L* || 5 Unus est *add.* enim *BD* | vester] noster *L* || 6 et *om. LM* | ut *add.* in *O* || 7 formetis *B* | sculpturam *L*, cultura *B* || 14 et *om. LNMO* || 15 inexpertis *M* || 17 Dominus] Deus *LP* || 18 nobiscum *P* || 20 quod] quam *B*, *om. L* || 22 impartirem *L* || 25 votis *add.* si *LO* | quomodo] ut aliquo modo *M* | ea] eum *M*

5 Mt 23,8-9 || 8 f. 4,12,15

mater beatae hereditatis, quae erat filia carissima matris, cui totum me devovi fore praesens quod sum ».

Imitamini Eustochium, d. h. Imma, so wie Hieronymus die Ur-Eustochium als Vorbild der Jungfräulichkeit gelobt hatte in Ep. 108,4 (CSEL 55, 310) : « Eustochium, quae nunc in sanctis locis uirginitatis et ecclesiae monile pretiosissimum est ». Vgl. Ep. 22 (CSEL 54, 145-146).

§ 107. Ant. in Ass. (PL 78, 799 D) : « Hortus conclusus es, sancta Dei genitrix, hortus conclusus, fons signatus ».

eleuari merear uestris suffragantibus meritis, ad quae peruenit beata et intemerata uirgo Maria.

110. Ecce hodierna die ad illum praeclarum et splendidum thronum archangelorum ipsa per humilitatem, per integritatem carnis ascendit, unde intemperantia olim eximios archangelorum et superbia deiecit. Quapropter gaudete. Gaudete inquam, quia uobis uia patefacta est caelorum. Quamuis enim nobis eadem promittantur, uobis tamen iam praesto sunt, quae cum angelis incorruptionem seruatis. Quae licet de hoc mundo sitis, fauente Deo iam in hoc mundo non estis, quia etsi saeculum uos habere meruit, tenere omnino non potuit.

111. Beata itaque Maria hodie iam ab omnibus gentibus longe lateque praedicatur, et uobis, quae secutae estis exemplum tantae uirginis, beatitudo condonatur caelestis. Quas non illecebrae sollicitant corporis, non colluuio praecipitat uoluptatis, non aestus inflammat incentiuae carnis, immo angelica imitatio delectatur in terris, quorum in futuro aequalitas repromittitur in caelis. Beatae igitur estis filiae.

112. Sed et beatae uiduae, quae caelibem uobiscum in Christo ducunt uitam, quia secundum apostolum liberatae a lege uiri sic permanserunt. 'Beatior, inquit, erit, si sic permanserit, secundum

---

1 ad quam *B*, ad quem *M* || 3 clarum *D* || 4 angelorum *L* | per²] et *L* || 5 et *om. O* || 8 praesto] profecto | *OM* licet *add.* corpore *M* || 9 sitis *add.* amen *L* | favente – non] mente extra mundum *M* || 11 ab *om. O* || 15 delectat *L* || 16 qualitas *B* || 19 sic] ita *B* | beatae si ita permanserint *D*

---

9 f. cf. Jo 17,14-16 || 19 f. 1 Cor 7,40

---

§ 110. Ambrosius, De virginibus 1, 8, 52-53 (PL 16, 214 A) : « Et quid pluribus exsequar laudem castitatis ? Castitas etiam angelos fecit. Qui enim servavit, angelus est : qui perdidit, diabolus. Hinc etiam religio nomen accepit. Virgo est, quae Deo nubit ; meretrix, quae deos fecit. Nam de resurrectione quid dicam, cuius praemia iam tenetis ? In resurrectione autem neque nubent, neque ducent uxores : sed erunt sicut angeli, inquit, in coelo (Mt 22,30). Quod nobis promittitur, vobis praesto est votorumque nostrorum usus apud vos. De hoc mundo estis, et non estis in hoc mundo. Saeculum vos habere meruit, tenere non potuit. Quam praeclarum autem angelos propter intemerantiam suam in saeculum cecidisse de caelo, virgines propter castimoniam in caelum transisse de saeculo ? »

§ 111. Ambrosius, ibid., Fortsetzung : « Beatae virgines, quas non illecebra sollicitat corporum, non colluvio praecipitat voluptatum ».

§ 112-113. Ambrosius, De viduis I 1 (PL 16, 247 A) : « Bene accidit, ut ... viduarum tractatus incideret. Neque enim inhonoras debuimus praeterire, et a virginum praeconio separare, quas apostolica sententia cum virginibus copulavit, iuxta quod scriptum est : 'Et mulier innupta et virgo cogitat quae sunt Domini,

meum consilium. Puto enim, ait, quod et ego spiritum Dei habeo', euidenter uolens exprimere, quid sit inter eam, quae adhuc uincta est lege uiro, et inter eam, quae iam soluta uinculo beatior praedicatur. Quodsi utraque beata, quia in Christo, beatior tamen quaecumque iam soluta est et caelestia sectatur.

113. Ideo uiduae semper uirginibus bene copulantur, ut ait apostolus : 'Mulier innupta et uirgo cogitat quae sunt Domini, ut sit sancta corpore ac spiritu'. Quodammodo enim magisterium uirginitatis uiduarum gliscit et confortatur exemplis, quae cum uiris castum seruarunt connubium docent integritatem magis uirginibus Deo seruandam, et quod prope modum non inferioris uirtutis est coniugio abstinere, quod aliquando delectauerit, quam coniugii delectamenta nescire. In utroque siquidem gradu fortitudo laudatur, et caelestis uitae praedicatur uirtus.

114. Idcirco cognationem iam cum Christo uterque ordo sortitur. Unde Dominus : 'Si quis fecerit, inquit, uoluntatem Patris mei qui in caelis est, ipse meus frater, soror et mater est', ubi non sexus,

---

2 sit] intersit *LN* | adhuc *om.* *M* | iuncta *ELMD* || 3 viri *P* || 5 est *add.* vincula *L* || 7 et] ac *D* | Domini] Dei *BD* || 8 ac] et *L* | enim *om.* *BD* || 9 servaverint *L*, seruauerunt *BD*, serua-uere *M* || 11 est *add.* a *NLM* || 16 inquit fecerit *L* || 17 frater *add.* et *BD* | Ubi] Ibi *B*

---

7 f. 1 Cor 7,34 || 16 f. Mt 12,50

---

ut sit sancta corpore et spiritu'. Quodammodo enim magisterium virginitatis viduarum valescit exemplis. Quae cum viro castum cubile custodiunt, documento virginibus sunt integritatem Deo esse servandam. Et propemodum non inferioris virtutis est eo abstinere coniugio, quod aliquando delectaverit, quam coniugii oblectamenta nescire. In utroque fortes ». – RADBERT, in Ps. 44, Lib. 3 (PL 120, 1058-1059) : « Unde, charissimae, quia Christus ... unum vos fecit gregem unumque ovile in hoc angulo, ... sitis vobis invicem supplementum virtutis et magisterium castitatis, ita ut virginitas discat exemplo casti coniugii Christo deferre castitatem, quatenus sicut illa custodivit cubile immaculatum, ita virginitas eo amplius quam vovit, Deo integritatem custodiat mentis et corporis, quoniam propemodum non inferior virtus est eo abstinere coniugio, oblectamenta nescire. Sed et viduitas exemplo virginum multa debet ediscere quae deploret, multa quae imitetur, multa etiam quae perdidit vidua in coniugio, totum possideat gaudens cum charitate in flore virginitatis. Sicque in utroque fortes ».

§ 114. *Uterque ordo*, d. h. Jungfrauen und Witwen. Auch HIERONYMUS spricht in seinem Brief an Eustochium (CSEL 54, 146) von zweierlei Standespflichten ; nebst denen der Jungfrauen erwähnt er die der verheirateten Frauen : « Habent

non conditio, non aetas discernitur, sed 'qui fecerit, inquit, uoluntatem Patris mei, qui in caelis est'. Unde quia libera facultas cunctis praestatur, estote, carissimae, ad quod uos Christi gratia uocauit, estote matres Christi ac sponsae, estote sorores ac propinquae, quia quod carne non potuistis, gratia totum condonatum est uobis.

115. Et ideo diligite matrem Domini, quae uobis sponsum genuit immortalem, cuius et uobiscum soror est ipsa, quia uoluntatem Patris fecit, ut esset mater. Propinqua quidem uobis non carne sed spiritu, ut unitas commendetur ecclesiae et societas corporis Christi intellegatur. Ex quo Dominus : 'Uolo, Pater, quia ego et tu unum sumus, ut et ipsi nobis unum sint'. Quae profecto unitas, per 'unum mediatorem Dei et hominum' efficitur. Facite ergo uoluntatem Patris et uos, ut unum esse possitis.

---

3 ad *add.* id *L* | quod] quos *BM* | gratiam *M* || 4 propinqui *B* || 10 Dominus *add.* ait *M* | Pater *add.* inquit *LBD*

---

8 f. cf. Eph 4,3 || 11 f. Jo 17,21 || 11 f. 1 Tim 2,5

---

enim et maritatae *ordinem* suum, honorabiles nuptias et cubile immaculatum ». Bei RADBERT bezeichnet *uterque ordo* die zwei Kategorien von Klosterfrauen in Soissons : Witwen, wie Paula (Theodrada) und Jungfrauen wie Eustochium (Imma). Aber in § 35 hatte er drei Kategorien angeführt : « si *virgo* es, ... si *coniugata,* certe aut *peccatrix* ». Die dritte Gruppe bestand aus Reuerinnen (*poenitentes*), von denen die meisten, aber nicht alle, ihre Buße in einem Kloster absolvierten. – Quelle des Absatzes : AUGUSTINUS, De sancta virginitate (CSEL 41, 239) : « Uerumtamen ille unius sanctae uirginis partus omnium sanctarum uirginum est decus, et ipse cum Maria matres Christi sunt, si Patris eius faciunt uoluntatem. Hinc enim et Maria laudabilius atque beatius Christi mater est secundum supra memoratam eius sententiam : 'Quicumque facit uoluntatem Patris mei, qui in caelis est, ipse mihi frater et soror et mater est ! Has sibi propinquitates in populo, quem redemit, spiritaliter exhibet. Fratres et sorores habet sanctos uiros et sanctas feminas, quoniam sunt illi in caelesti haereditate coheredes, mater eius est tota Ecclesia, quia membra eius, idest fideles eius, per Dei gratiam ipsa utique parit. Item mater eius est omnis anima pia faciens uoluntatem Patris eius fecundissima caritate in his quos parturit, donec in eis ipse formetur. Maria ergo faciens uoluntatem Dei corporaliter Christi tantummodo mater est, spiritaliter autem et soror et mater ». – Parallele bei RADBERT, Sermo 1 (PL 96, 245 A) : « Quapropter, o filiae, facite voluntatem Patris, ut sorores Christi et matres sitis, sicut ipse ait : ,Quicumque fecerit voluntatem Patris mei, qui in caelis est, ipse meus frater et soror et mater est' (Mt 12,50). Facite ergo voluntatem Patris mei, quia iam sponsae estis, amate sponsum cui vos vovistis ; et quia filiae per adoptionem estis, sorores vos cognoscat summi Regis Filius ».

§ 115. RADBERT, Sermo 1 (PL 96, 244 BC) : « Propterea ut saepe dictum est,

116. Ornate lampadas uestras, occurrite sponso, quia iam ad ostium pulsat, et matrem, si eam diligitis, sequimini. Intus autem parate et ornate lampadas uestras, quia 'filiae regis' estis. Omnis ergo gloria uestra ab intus sit, et intus habete, quod foris luceat, ne forte inter has sollemnitates, priusquam sponsus ueniat, uestrae lampades extinguantur. Nam celebritas huius diei nonnisi accensis lampadibus intus et foris recte colitur. Ideo emendum est oleum, dum uacat, ne cum sponsus uenerit, quod absit, uacuae inueniamini.

117. Propterea quae 'sursum sunt sapite', ubi beata peruenit uirgo, et 'non quae super terram', quia uestra conuersatio, si estis iam quod uouistis, in caelis fore debet. Illuc dirigite mentem, illuc abscondite uitam uestram, 'donec furor pertranseat Domini', quo beata Dei genitrix hodie peruenit. Ibi namque habetis sponsum, ibi pontificem, ibi omnia quaecumque quaesistis. Illuc dirigite mentem, ut cum Christus uirginis filius apparuerit in fine saeculi, cum ipso et uos appareatis in gloria. Amen.

EXPLICIT SERMO IN ASSUMPTIONE SANCTAE MARIAE

---

3 lampades *LM* | quia *LNM*] qui *R*, quae *BD* || 5 uestrae lampades *om. NCMO* || 16 gloria *add.* sempiterna *BD* | Amen *om. N*

---

1 f. cf. Mt 25,6 f. | Apc 3,20 || 3 cf. Ps 44,14 || 7 f. Mt 25,10 || 9 f. cf. Col 3,1 f. || 10 f. cf. Phil 3,20 || 11 f. cf. Col 3,3 || 12 Job 14,13 || 13 cf. Hbr 3,1 ; 4,14 f.; 5,10 || 14 cf. Col 3,4

---

imitamini matrem Dei, quae vobis sponsum genuit immortalem ». Vgl. Anm. zu § 81.

§ 116. Radbert, Sermo 1 (PL 96, 244 C) : « Praeparate lampades vestras, ut cum venerit sponsus et pulsaverit, vos vigilantes inveniat, quia beati sunt servi illi quos, cum venerit Dominus, invenerit praeparatos ac pervigiles (Lc 12,37), sicuti hodie hanc vigilantem invenit ». – In *ornate lampades vestras* liegt vielleicht eine Anspielung auf die nächtliche Lichterprozession bei der Assumptio Feier, die uns sowohl aus Rom unter Papst Sergius als auch aus verschiedenen consuetudines monasticae bekannt ist.

§ 117. Radbert, Sermo 1 (PL 96, 250 BC) : « Et ideo dilectissimae, illuc mentem dirigite, ubi sponsus vester pro nobis introiit et beata virgo visa est, quoniam ibi eius festivitas recte colitur, ubi Christus est sponsus, et aeternae vitae gaudia celebrantur ... Quin immo vos corona decoris esse possitis in manu Domini per gratiam eius (Is. 62,3), qui vos ad aeterna vocavit gaudia, Iesus Christus, filius Virginis, Dominus noster ».

ANHANG

ALTE LESUNG FÜR MARIAE HIMMELFAHRT IN CLM 14418

Die Handschrift Clm 14418, ehemals St. Emmeran Regensburg 418, entstand um die Mitte des 9. Jahrhunderts und wurde vielleicht in Regensburg selber geschrieben, wie Prof. Bernhard Bischoff vermutet [1]. Ein ähnlicher Sermo (f. 43^r-44^r) wurde 1863 aus Cod. III, F 6 (f. 196^a ff) der Universitätsbibliothek Prag durch Ferd. Hecht veröffentlicht [2]. Ein genauer Vergleich beider Hss. ergibt, daß nur der erste Satz zum Großteil in beiden Hss. gleich lautet, während der weitere Text, vor allen an der entscheidenden Stelle, die über die Frage der Assumptio handelt, so starke Abweichungen aufweist, daß es unmöglich erscheint, für beide Sermones denselben Verfasser anzunehmen. Hauptquellen des hier abgedruckten Sermo aus Regensburg sind Ambrosius, De virginibus II 3, 6, 7, Pseudo-Ildefons, Sermo 7, 4 (PL 96, 268) und Pseudo-Augustin, Sermo 194, 2, 4-5 (PL 29, 2105-7). Andere Hss. [3] des 11. Jh. sind in Florenz, Laurenziana, S. Croce XXX sin. 2, Nr. 122 und sin. 4, Nr. 131., aber auch hier lautet nur der erste Satz ähnlich.

XXIII. De adsumptione sanctae Mariae omelia Leonis

Sollemnitas hodierna, quam colimus, fratres carissimi, dies est uenerandae adsumptionis beatissimae dei genitricis mariae perpetuae uirginis, quae, dum felici conuersatione integerrima uirginitate uixit in terris, felici etiam obitu hodie ab angelis anima eius ferebatur in caelis. Non est enim ad credendum difficile, quod, quae hic per castitatem sanctissima sanctissimam meruit dominum conditorem mundi gestare in utero uirginali, quod ipsa etiam in eadem permaneat incorruptione corporis usque ad secundum aduentum domini iudicatoris et tunc, cum omnium resurrectio uenerit, in aeternum regni thalamo gloriosissime prae omnibus de sua incorruptione gaudere.

---

[1] B. Bischoff, Die südostdeutschen Schreibschulen und Bibliotheken der Karolingerzeit, Teil I: Die bayerischen Diözesen, Wiesbaden ²1960, S. 241.

[2] F. Hecht, Das Homiliar des Bischofs von Prag saec. XII., in: Beiträge zur Geschichte Böhmens, Abt. I, Quellensammlung, 1. Bd., Prag 1863, S. 70 f. Den Hinweis auf die Veröffentlichung verdanke ich P. H. Barré, Rom.

[3] Auch diese Hss. wurden mir von P. H. Barré namhaft gemacht.

Nos ergo, carissimi, per eius mirabilem uirginitatem discamus imitari laudabilem castitatem. Hinc sumamus exempla uiuendi, ubi nobis tamquam in exemplari magister ostenditur, quid corrigere, quid fugere, quid etiam tenere debemus, id est uitam lasciuam corrigere, carnales concupiscentias fugere, castitatem non solum corporis sed etiam cordis tenere. Quid ergo nobilius dei matre, quid splendidius quam aeternum in se splendorem, id est dei filium, portare et deum uerum hominemque uerum de suis uisceribus generare ?

O quam beata mater ista, quae sine contaminatione concepit filium et sine dolore peperit totius mundi gloriosissimum praecium. O beatissima genetrix, per quam humani generis uita est reparata, quae de caelo suscepit prolem et mundi genuit saluatorem. O femina super omnes feminas benedicta, quae uirum omnino non nouit et uirum in suo utero portauit. O insignis gratia, quae, dum humiliter fidem dedit, coeli in se opificem corporauit.

Impleuit nempe in ea dominus, quod dudum praedixerat : 'Oboedientiam mallo quam sacrificium, et scientiam Dei plus quam holocausta'. Haec fuit uere obedientiae omni sacrificio gratior. Haec uoluntas cunctis hostiis acceptior, per quam eam solam beatam omnes pronuntiant generationes.

O beata Maria, quis digne tibi ualeat iura gratiarum et laudum praeconia impertire, quae singulari tuo adsensu mundo succurristi perdito ? Quas tibi laudes fragilitas humani generis persoluit, quae solo tuo commercio recuperandi aditum inuenit ?

Accipe itaque, sanctissima genitrix, quascumque exiles, quascumque meritis tuis inpares gratiarum actiones. Et cum susceperis uota, culpas nostras excusa. Admitte nostras preces intra sacrarium exauditionis, et obtine nobis antidotum reconciliationis ; accipe quod offerimus, tribue quod rogamus, excusa quod timemus. Sancta Maria succurre miseris, succurre etiam lapsis, iuua pusillanimes. Refoue flebiles, ora pro populo, interueni pro clero, intercede pro deuoto sexu femineo. Sentiant omnes tuum adiuuamen, qui tuam celebrant adsumptionem [1]. Assidua esto oratrix pro populo Dei, quae meruisti, benedicta, ex tuo utero proferre saluatorem mundi, qui cum patre et spiritu sancto regit et dominatur unus et uerus Deus per omnia saecula saeculorum. Amen.

---

[1] adsumptionem *cod. prima manu* natalem *secunda manu*

REGISTER

I. GLOSSAR ZUM TEXT

Die Ziffern verweisen auf die Paragraphennummern

ab exordio s. evangelii 3, 74
ab initio 15, 62, 76, – i. saeculi 61
ab omni saeculo 103
abducitur in Aegyptum 78
abire relicto corpore 9
ablatum corpus Mariae 9
abnuimus 12
Abraham 61
abscondite vitam vestram 117
absens praesentia 7, 83
absentia praesens 7
absit 72, 116
abstinere coniugio 113
accensis lampadibus 116
accepit eam in suam quasi matrem 16
accessit ad eam Spiritus S. 41
accipere munera Spiritus Sancti 21
accipi diverse 68, – figurate 68
acies ordinata 47
acquirere meritis 27
acsi 34, 41, 89, 92, 100
actus vitae b. Mariae 6
ad aedificationem 13
ad invicem societas 16
ad laudem nominis Dei 13
adimpletur per Christum 33
adiuratus 5
admirabile cunctis saeculis sacramentum 94
admirabilis ascendit 88, – caritatis unanimitas 96, – novitas 74
admiranda festivitas 45
admirans Spiritus S. 46, 47
admirantes indesinenter 91, – omnes facit 47
admirantis intuitu 88
admiratione omni digna 32
admiratur Spiritus S. 47
admixtio divinitatis 42
admodum 41, 72
adolescentulae 100
adoptionis cura 16
adorans 65, 66
adora(n)t super se 48, 94
adorasti Deum puerum 4
adoratur a magis 78, – ab omnibus Deus 96, – filius 66
adstantium fides 50
advenire 49, 50
aedificatio 13
aedificavit domum 97
Aegyptus 62, 78
aenigmatibus praesignata 25
aequalitas repromittitur in caelis 111
aerumnae 22
aestuabat desiderio 82
aestus incentivae carnis 111
aetas 96, 114
aeterna laus 34
aeternae claritatis gloria 95, – dilectionis amplexus 89, – hereditatis benedictio 67, – viriditatis pascua 22, – vitae gaudia 22
aeternitas naturae 61
aeternus dies sollemnis 87
aethereae mansiones 43

aethereum (ad) thalamum 45
affectibus novis desiderium inflammabatur 83
affectu hortamini 2
affectum a me discere potestis 108
affectus 2, 13, – humanitatis 79, – mundanus 83, pro affectu 13
afficiebatur doloribus 82
affici odoramentis 66
ager plenus 60, 67, 70, – ventris 60
agere quicquam 13, 78
aggregare documenta virtutum 104
agmina Christi 50, – sanctorum 47
agnoscitur semper Deus 54
alias 52
alienus Deus 63, 66, – D. a natura vel genere 66, – uterus a contagione peccati 41
alioquin 16, 36, 54, 62, 64, 76
aliud quam Deus esse non potuit 30, – Christus quam Dei Filium existimare 65
aliunde non accepit 58
alius filius Dei 72, – filius hominis 64, 72
alternantibus hymnidicis choris 22
alterutra pars 53
altitudo divinitatis 78, – tanti mysterii 65
amandus Christus ab omnibus 84
amare Deum 85
amate quam colitis 99
amatis b. virginem 81, – verbum Dei 100
amator virginitatis et castitatis 101
amaverat salvatorem 86
ambigimus 10
amicus invitans 5
amor Christi 85, – desiderium pariebat 85, – divinus 83, – impatiens 85, – internus 84, – pius 46, 83, 84
amore cruciabatur 82, – nimio 84, – pietatis 7
amoris et gaudii tripudium 87, – pii ardor 83, – pii incendium 46, – perfusi ebrietas 83
amplecti carius 7
amplexibus mentis 85
amplior gloria, 93 – gratia 23
ampliora privilegia 93
amplius fortis 90
ancilla 102, 104
angeli 96, – famulabantur 48, – in caelo 98, – salvati gratia gratuita 93
angelica dignitas, 43 – gloria in carne, 27, – imitatio 111, – praeconia 25
angelicae virtutes 45
angelici spiritus 46
angelis cognata virginitas 27, – comparatur virginitas 98, – maior praestatur gratia 94
angelorum chori 22, 86, 93, – dignitas 46, – dominus 98, – dulcis sollemnitas 22, – gratia non maior 93, – multitudo 4, – mirabilis virtus et perpetua firmitas 94, – natura 93, – praesidiis fulta 47, – vincere dignitatem 49, – virtus 94
angelos creare 104
angelus ex natura 27, – Mariae loqui incipiens 70, – mittitur 27
anima immortalis 90
animadvertas diligenter 74
animae electorum 46, 49, – martyrio rubricatae 89, – virginitatis splendore candidatae 89
animam pertransibit gladius 90
animata rationabiliter caro 75
animatum corpus 65
animo revolvere 82
anni singuli 7
annua festivitas 51
annuus dies solemnis 87
annuntiatur Christus 70
ante mundi constitutionem 50, 62
antequam Abraham fieret 61, – nasceretur 73, – mundus fieret 44
anulus fidei 56
aperiantur quae reserata sunt matri 5
apertius dilucidare 62, – intellegentes 73
apocryphum 7
apostoli per Spir. S. cognoverunt omnia 15, – disperguntur 19

caelos ascendit 23
caenaculum 19, 21
calumnias patiamur 63
candidata virtutibus 57
candidatae animae 89
candidatio 57
candidatorum grex 91
candidior nive 57
candidissima lana 41
candor gloriae 92, – virginitatis 92
canit ecclesia 39, – propheta 44
cantica (canticorum) 46, 47, 57, 59, 88, – spiritualia 50
capiatur (ne) humanitas 78
carissimae 35, 80, 81, 85, 98, 105, 114
caritas Christi 1
caritate inaestimabili iocundata 51, – et dilectione plena 91
caritatis desiderium 46, – officium 92, – unanimitas 97
caritatem atque dilectionem arguat 108
carius amplecti 7
carne exequente quae carnis erant 75
carneis movebatur sensibus 85
carnem suam non detulit 55
carni praefactae copulatus 55
carnis humilitas 78, – incentivae aestus 11, – integritas 17, – veritas 78
caro Dei verbi conspecta et visa 75, – factum verbum ex Maria 18, – rationabiliter animata 75, – sine verbo 78, – virginis 55 ; *cf.* ex carne, in carne
casta 35, – ex gratia Christi 35
castitas vera servari non potest sine pudore 105
castitate hanc sequimini 107
castitatis amator 101, – decor 92, – exemplar 106, – exemplum 101
castius quid 103
casto pectore rursus hauritur 100
castum connubium 113
catholica fides 53
catholice dicuntur 81
cautela 12
celebrate festum sollemniter 98
celebratur pascha devotissime 21
celebremus devotissime festivitatem 38
celebretur haec dies cum gaudio 7
celebritas b. virginis 86, – huius diei 116, – haec 24
celsa fastigia 42
celsior angelorum natura 93
censeri verius 10
cernentibus nobis monstratur 8
cernitur humanum 17, – manna scaturrire 10, – vacuum mausoleum 12
certe aut 5, 35, 65
certi sumus ex aliquibus 13
certum cf. pro certo
cessare a laudibus 34, 35, 36
ceterum 19, 82
chori angelorum 22, 38, 43, 86, 93, – utriusque sexus 49
chorus apostolorum 15
Christi disciplina 20, – gratia 35, 43, 114, – incarnatio 15, – ortus 13, – resurrectio 20, – schola 22, – verba 73
christotocos 55
Christus amandus ab omnibus 85, – in Deum transiit 64, – praeliabatur in terris 20, – virginis filius 117
circumda(ba)nt eam flores rosarum 89, 91, 92
circumdata officio caritatis 92
circumdedit virum in utero 58
circumeunt plures orientalium 80
civitas caelestis 87, – sancta Hierusalem 11
civium supernorum omnium 46, 59, 86, 96, – gratulatio 86, – s. o. paradisus 59, - s. societas 96
clarificata creditur 97
clarior resultat in gloria 84
claritas aeterna 95, – sanctorum 93, – solis, lunae, stellarum 96, – subiectorum 92, – una 96
claritatis gloria 95
claustra corporis clausa 58
coaeterna Deo nativitas 54
coaeternus homo Deo 71
coauctus 66

consilium 42, 66
consita universa genera florum 59
constat 35, 61, 75, 90, 93
consueta salutatio 32
consurgens aurora 47
contagio 103, – peccati 41
contemplandum semper ad quae 78
contemplator secretorum 88
continens 35
continentiae exemplar 106
continuus amor 83, – dies sollemnis 87
contrectaverunt manus nostrae 76
contulit de Christi incarnatione 15, – se unda divinitatis in carne 28
convallium 89
convenerunt deitas et humana conditio in Christo 64
conventio unitatis atque secundum substantiam 53
conversandi vernans alternatim splendor 16
conversantes cum Deo 21
conversatio Mariae 19, – vestra 100, 117
conversatur Maria cum testibus s. resurrectionis 20
conversio duarum substantiarum in alterutram partem 53
conversus peccator 86
copulantur bene viduae virginibus 113
copulatur virginitas angelorum domino 98
copulatus non praefactae carni 85
corde amoris 104, de toto corde 99, ex toto corde 83, 84, in corde tuo 100, si quaesieris corde 100
cordis desiderium 86, – est 83, – medullae 37
corporaliter habitat 55
corpore : a corpore migravit 7, cum corpore assumptum 9, de corpore est 29, relicto corpore 9, corpore sancta 14, 107, 113
corpora sanctorum 11
corporis claustra 58, – Christi societas 115, – contagio 103, – illecebrae 111, – passio 28
corpus animatum proprium sibi univit 65, – Christi 103, 115, – David 12, – b. M. Virginis 7, 9,
corroborare fidem 50
corruere 93
corrumpi nescit 59
corrupta in nullo 57
corruptio sui 30
coruscat fulgoribus caelestibus illustrata 47
counivit sibi carnem secundum subsistentiam 75
creare angelos 104
creatura omnis superfusa largo imbre Spiritus S. 31, – o. etiam caelestis 33
credam (ut) 85
credat (ut) amor invenire quod desiderat 85
credatur (ne) 68, 72, – recte 53, 64
credendum 50, 93
credentibus fructus vitae effulsit 70
credere fas est 39, 48, – sic est honorare matrem Domini 54
credideris (nisi) 62
credimus 11, 63, 84, 87, 97, – eam habitasse in loco quo 84, – resurrexisse cum Domino 11, – salvari 63
creditur 32, 51, 52, 75, – exaltata 97, – implevisse 52, – recte 53
cremebatur ardore 83
crepundia novi partus 4
cruciabatur amore 82
crux: crucis patibulum 28 ; de cruce 14, 16
cudere quae leguntur 2
cum gaudio 51, – hymnis et laudibus 49, – laudibus et canticis spiritualibus 50, – omni gratulatione 51, – tempore 54
cuncta didicerat ab initio 15
cupierat salvatorem 86
cupio parere vestris profectibus 25
cura adoptionis 16, – ut sis quae laudare possis 35
curavi exhortari 109
curia paradisi 20
curiae caelorum 48

exhibere talia et tanta 50
exhibita ab evangelistis 25, – virtutibus 82
exhortari curavi 109
exhortatio vestra 13
exhortationis gratia 1
eximia cogitare de exiguis 7, – virtutibus comprobatur 106
eximiae dilectionis testimonium 90
eximii archangelorum 110
eximior praedicatur 92
exinanitum unguentum 100
exinanivit semetipsum 55
existimavere aliud Christum quam Dei filium 65
exivit claustra corporis clausa 58
exordium sancti evangelii 3, 74
exorsus a benedictione 70
exorta de radice Iesse 46
expendere diem in laudem Mariae 7
experiar quae hortamini 2
experiri dulcedinem lactis 7, – pro certo 7
explebit nullus narrando 95
explere quod sentitur 34
expletis omnibus 82
explicare eloquio 18
expressa magisteria probitatis 101
extenuata divinis disciplinis 46
extinguantur lampades 116
extollere Deum hymnis et canticis 24
extollitur ad sublimia 94
exultare ineffabili laetitia 51
exultate 23
exultatio in supernis 86
Ezechiel 58

fabricare caelos 104
fabricata ecclesia 8
faciem imprimere 107
facultas libera 114
facundia 25, 37
familiarius contulit eis de Christi incarnatione 15
famulabantur ei angeli 48, – discipuli 16
famulatus 13, – obsequii 32

fari gestiunt 2
fas est 39, 43, 48, 65
fasciis pannorum involutum 78
fastigia celsa 42
fatear : ut f. verum 4, 25, – ut ita f. 23, 30
fateor 32, – me indignum 34
fatetur se esse in caelo 73
fatuae virgines 80
favente Deo 7, 110
favor salvatoris 86
fecibus suis obvoluti 80
fecunda prole Paula 106
fecundior virginitas in Maria 16
fecunditas deifica 16, – gloriosior quam virginitas 16, – ineffabilior 18, – integritatis 16, – praedicatur 16, – prolis 17
felix et suavis refectio animarum 22
femineo usu uti 41
feminino genere legitur 68
ferre Deum non potest mundus 58
fertur 10
fescennina 4
festa in terris 98
festive obviam advenisse 50
festivitas (Mariae) 86, – admiranda 45, – annua 51, – continua 51, – gloriosae semper virg. Mariae 38, – haec 51, – incomparabilis 45, – omnium sanctorum 45, – praesentis diei 45, – tanta 109, – tantae virginis 96
festivitates sanctorum 2, 45
festivitatis dies 109
festivus occurrit 51
festum virginis 98
fide deo offerre munera 4, – salva 12
fidei anulus 55, – vestes 67
fidem corroborare 50, – gentibus dedit 26, – integram servare 81
fides catholica salvat 53, – incarnationis Christi 80
figurate accipi 68
figuris et aenigmatibus praesignata 25
filiae 5, 22, 56, 71, 82, 104, 111, – Hierusalem 91, – regis 116, – Sion 95, – tuae 5

perfectam exemplum 20
perduxit genitricem usque ad thronum 50
perfunditur Spiritu Sanctu 42
perfusa quotidie 88
perfusi amoris ebrietas 83
permanere in schola Christi 22, – sic 112
permansit sancta corpore ac mente 14, 107
perpendite diligenter 82
perpetravit humana 77
perpetua resurrectio 11, – virgo 106
perpetuitatis firmitas 94
persensisse miri odoris fragrantiam 49
perseverare in oratione 19, 21, 22
persona 30, – una 55, – una eademque 71, – vel substantia 75, – vel subsistentia 75, 76 ; *cf.* ex persona
personae pro Deo figurate accipiuntur 68
personae unitas 61
perspexerat universa oculis 15
perspicacius est 49
pertimesco valde 25
pertulit Deus in carne 64
pervenire ultra 38
Petrus 12, 19, 63
pie opinari 12
pietatis amore 7, – viscera 82
piis obtutibus pasci 84
pio desiderio 12
pius amor 46, 83
placet opus virtutis 105
placido elapsu se infudit 28
plane 28
plantatio rosae in Iericho 92
plena caritate ac dilectione 91, – divinitas 79 – gratia 26, 28, 31, 70, 95, – Deo 95, – humanitas 79, – virtutibus 95
plenissime accepit gratiam 95, – fuit castitas in Maria 35
pleniter possidere gloriam 95
plenitudo divinitatis 55, – eius 70, – gratiae 28, 32, – temporis 66, – totius gratiae 32
plenius didicerat per Spiritum Sanctum 15
plenus ager 60, 67, 70
plus est meritis non natura 40, – dilexit 90, – doluit 90
plusquam martyr 90
pluvia in vellus 28, – salutis 28
pontifex factus in aeternum 38
pontificem habetis 117
populum salvans 62
porro 3, 78
portatur novem mensibus 93
portus tutus stationis 103
poscebant munera Spiritus Sancti 21
posita in terris 85
possidet unusquisque pleniter gloriam 96
post ascensionem quid egerit M. 14, 19, – Christum gloriosa resedit 39, – Deum sola quae nos confirmet 39
posuit rex thronum suum 91
potentia verbi 78
prae nimio amore 84
praecellit cunctis 105
praecepit in lege 52
praecessit Deus nuntium suum 29, – Dominus eam ad caelum 43
praecessit Deus nuntium suum 29, – – eam 43
praecipitat colluvio voluptatis 111
praeclara dies 38, – virgo 43
praeclarus thronus 110
praecognita identitas 75
praeconia angelica 5, – divina 3
praeconiis dignis iubilare Deo 24, – laudata 25
praedicata de Christo ab angelis 82, – divinis et angelicis excellentiis 25, – leguntur in scripturis divinis 2
praedicatur ab angelo electa atque praeelecta 31, – beata ab omnibus gentibus 111, – ab omnibus ibidem sepulta 8, – beatissima 93, – exaltata 43, 44, – eximior 92, – fecunditas 16, – identitas 75, – laudibus 97, – longe lateque 111, – vitae caelestis virtus 113

videre Deum 38, 85, – largitorem beneficiorum 85, – per speciem aut in spiritu 5, – speciem vultumque salvatoris 86, – speciosam 88
viderunt eam filiae Sion 95
videtur mihi 65, - tibi 66
vidimus et perspicimus 76
viduae 106, 113, – beatae 112
viduarum exempla 113
vilitas humana 41
vincta a lege viri 112
vincens angelorum dignitatem 46
violaret affectus mundanus 83
violari nescit 59
virga de radice Iesse 46
virginem matrem elegit 101, – sponsum habetis 101
virgines 106, – caeterae 40, – prudentes et fatuae 80, – sacrae 23, – sanctae 1, – sanctissimae 43, – unversae 42, – vere 104
virgineus uterus 41
virgini virgo commissa 10
virginibus exemplum perfectionis 20, – servanda integritas 113
virginis caro 55, – exemplum 111, – festum 98, - filius 117, - uterus 30, 41
virginitas 17, 28, - cognata angelis 27 cognatior virginitati 18, - copulatur angelorum Domino 98, – consecratur 97, – erigitur 98, – excellentior 17, – fecundior 16, – integra 16, – magnificentior in Maria 17, – pudicissima 16, – sacratior 18, – virgini commendatur 16
virginitati cognatior virginitas illa 18, – individuus pudor 105
virginitatis amator 101, – candor 92, – forma 107, magisterium 113, – splendor 89, – virtus 16
virgo 14, 29, 35, 78, – beata 1, 16, 18, 22, 24, 25, 42, 81, 85, 86, 93, 96, 98, 117, – b. et gloriosa 18, 81, – b. et intemerata 82, – cogitat quae Domini sunt 113, – concipit et parit 78, – es 35, – et homo 40, – Eustochium 106, – gloriosa 18, 25, 42, 81, 93, 98, – gloriosissima 98, – haec 82, – incomparabilis 42, 45, – intemerata 82, 109, – Iohannes 10, – mater 24, – perpetua 106, – pervenit sursum 117, – praeclara 43, – prudens 74, – quaecumque 105, – sancta 13, – sanctissima et gloriosissima 44, - sola 13, – talis ac tanta 105, – tanta 109, – vacat in schola virtutum 20, – virginem servavit 14, – virgini cohaeret 16, – v. commendatur 20
virgula fumi 46
viriditatis aeternae pascua 22
virtus 23, – altissimi 40, 42, 94, – angelorum mirabilis 94, – interior 114, – prima 102, – una 17, – virginitatis 16, – vitae caelestis 113
virtute altissimi extollitur 94, – ex alto indui 21, – obumbratur 40, 42
virtutes angelicae 45, – fulciantur virtutibus 92, – humanae 83
virtutibus exhibita 82, – eximia 106, – meritorum 57, – pascebantur 21, – suis terribilis facta 47
virtutis est virginem esse 27, – minoris non est abstinere a coniugio 113, – nihil 92, – opus 105, – quicquid 83
virtutum comes inremota 104, – documenta 104, – fundamentum et custos 102, – odores 46, – opera 79, – schola 20
vis doloris 90
viscera pietatis 82
visione beatis oculis conspexisti 4
visitationes divinae 83
visitationibus locorum recreabatur 85
vita b. Mariae 6, – caelestis 93, 113, – haec defluxit de caelo 99, – est disciplina omnium 105, – non terrena sed caelestis 27, – quam tenetis 99, – vestra 117
vitae aeternae gaudia 22, – caelestis virtus 113, – fructus 70, – humanae exemplum 19, – Mariae actus 6, – ordinem dedit 26

II. AUTORENVERZEICHNIS ZUM QUELLENNACHWEIS

Die Ziffern verweisen auf die Seiten

III. KONKORDANZ

zwischen dem Antiphonar von Compiègne [1] und 'Cogitis me'

Dom. III in Adventu	*Epist. Pseudo-Hieronymi IX*
℟. Descendit Dominus sicut pluvia in vellus.	28. Descendit sicut pluvia in vellus.
Sabbato	
Ant. Audis Maria Virgo: Spiritus Sanctus superveniet in te et virtus altissimi obumbrabit tibi.	93. In quam superveniet Spiritus Sanctus. – 40. Virtute altissimi obumbratur (= 42, 94).
Fer. III post Dom. IIII in Adventu	
In evang. Ant. Ecce ancilla Domini.	104. Quae ancillam se vocat.
Ant. Maria autem conservabat omnia verba haec, conferens in corde suo.	81. Maria autem conservabat omnia verba haec ... conferens in corde suo.
Ant. maiores. Orietur sicut sol salvator mundi, et descendet in utero virginis sicut imber super gramen.	28. Caelestis plane imber virgineum vellus placido se infudit elapsu.
In Natale Domini	
I. Noct. ℟. Descendit de coelis missus ab arce Patris. Introivit per aurem virginis in regionem nostram, indutus stolam purpuream.	41. Quasi ipsa eademque lana, cum inficitur sanguine conchilii muricis, vertitur in purpuram ... ad indumentum et gloriam summi regis.
II. Noct. ℟. O magnum mysterium et admirabile sacramentum.	94. Admirabile cunctis saeculis sacramentum.
III. Noct. ℟. Sancta et immaculata virginitam, quibus te laudibus efferam nescio.	43. Laudibus dignissime efferri convenit.
℟. Beata et venerabilis virgo, quae sine tactu pudoris mater inventa est salvatoris.	85. Venerabilis beata mater. – 43. Tamque praeclaram venerari multum convenit.
℟. Verbum caro factum est.	28, 53, 55, 46. Verbum caro factum est.

[1] Die Parallelen des Liber Responsalis für den Advent, für Weihnachten, für Mariae Lichtmeß, Himmelfahrt und Geburt, werden zitiert nach PL 78, 729, 730, 732-34, 746, 798-99, 802.

In evang. Ant. Gloria in excelsis Deo, et in terra pax hominibus bonae voluntatis.

4. Multitudinem angelorum ... 'Gloria in excelsis Deo, et in terra pax hominibus bonae voluntatis' cantantem audistis.

Ult. Ant. Beata mater et innupta virgo, gloriosa regina mundi.

23. Regina mundi hodie de terris eripitur.

In vig. oct. Domini, ad vesp.

Ant. Mirabile mysterium declaratur hodie. Innovantur naturae : Deus homo factus est. Id quod fuit, permansit, et quod non erat, assumpsit ; non commixtionem passus neque divisionem.

55. Manens Deus in forma Dei ..., manens unus idemque in forma servi quam suscepit. – 75. Idem Deus atque homo in una subistentia vel persona sine divisione aut commixtione.

In Purificatione

III. Noct. ℟. Benedicta et venerabilis virgo Maria, cuius viscera meruerunt portare Dominum Christum.

℣. Benedicta tu in mulieribus et benedictus fructus ventris tui.

℟. Gaude Maria virgo, cunctas haereses sola interemisti, quae Gabrielis archangeli dictis credidisti. Dum virgo Deum et hominem genuisti ...

85. Venerabilis beata Maria.

93. Deus totus illapsus portatur novem mensibus in utero.

26 (= 33). Benedicta tu in mulieribus.

13. Haec est virgo sola, quae interemit universam haereticam pravitatem. – 54. Quae et Deum nobis genuit et hominem.

In prim. Vesp. Assumptionis

[*Ant. ad Magnif.* Ascendit Christus super caelos, et praeparavit suae castissimae matri immortalitatis locum. Et haec est illa praeclara festivitas, omnium sanctorum festivitatibus incomparabilis, in qua gloriosa et felix mirantibus caelestis curiae ordinibus ad aethereum pervenit thalamum ...] [1]

44. Ascendit et praeparavit huic sanctissimae et gloriosissimae virgini locum immortalitatis, ut cum eo regnare possit in perpetuum. – 45. Et haec est eius praesentis diei festivitas, in qua gloriosa et felix ad aethereum pervenit thalamum. Quae profecto festivitas sicut et virgo incomparabilis est ceteris virginibus, ita et incomparabilis est omnium sanctorum festivitatibis et admiranda etiam virtutibus angelicis.

In Assumptione s. Mariae

℟. Vidi speciosam sicut columbam ascendentem desuper rivos aquarum, cuius inaestimabilis odor erat nimis.

88. Vidi, inquit, speciosam ascendentem quasi columbam desuper rivos aquarum, ... cuius odor inaestimabilis

[1] Fehlt im Codex von Compiègne (PL 78, 798 D).

Et sicut dies verni circumdabant eam flores rosarum et lilia convallium. ℣. Quae est ista quae ascendit per desertum sicut virgula fumi in aromatibus myrrhae et thuris.	erat nimis. – 89 (91, 92). Quam circumdabant flores rosarum et lilia convallium. – 41. Quae est ista, quae ascendit per desertum quasi virgula fumi ex aromatibus.
℟. Diffusa est... ℣. Myrrha et gutta et casia a vestimentis tuis.	69. Ut per vestimentorum fragrantiam Christus annuntietur.
℟. Veni electa mea, et ponam in te thronum meum, quia concupivit rex speciem tuam.	57. Veni, inquit, columba mea (*cf.* 31). – 91. In qua posuit rex thronum suum, quia concupivit eius speciem ac decorem.
℟. Quae est ista... Viderunt eam filiae Sion et beatam dixerunt et reginae laudaverunt eam.	95. Quam viderunt omnes filiae Sion, et beatam dixerunt, ac reginae laudaverunt eam.
℟. Ista est speciosa inter filias Ierusalem. Sicut vidistis eam plenam caritate et dilectione.	91. Indesinenter eius admirantes pulchritudinem inter filias Hierusalem... Fuit enim plena caritate et dilectione.
℟. Beatam me dicent omnes generationes, quia fecit mihi Dominus magna, qui potens est.	102. Ecce enim ex hoc beatam me dicent omnes generationes.
℟. Ornatam in monilibus filiam Sion Dominus concupivit, et videntes eam filiae Sion beatissima praedicaverunt dicentes : Unguentum effusum nomen tuum.	95. Quam videntes omnes filiae Sion. 93. Iam beatissima praedicatur. – 100. Unguentum enim ... est nomen eius ... quod pro vobis effusum est.
℟. Haec est dies praeclara hodie, in qua beata virgo genitrix Christi Maria felici cursu migravit ad Christum. ℣. Haec est beata Maria, ad cuius transitum apostoli praestaverunt obsequium.	38. Haec est dies praeclara in qua ... 39. Haec est, inquam dies ... – 7. Illud apocryphum de transitu eiusdem virginis ..., nisi quod hodierna die gloriosa migravit a corpore.
℟. Beata es, virgo Maria, Dei genitrix, quae credidisti dominum. Perfecta sunt in te quae dicta sunt tibi. Ecce exaltata es super choros angelorum. Intercede pro nobis ad Dominum Deum nostrum.	38. Haec est dies praeclara, in qua meruit exaltari super choros angelorum ... Sic itaque ubique confidenter s. Dei canit ecclesia ... ut ultra angelorum vel archangelorum merita transcenderit. – 43. Super choros angelorum exaltata devotissime hodie praedicatur. – 86. Et ideo hodie ... elevatur super choros angelorum.
℟. O quam pulchra et speciosa est Maria, virgo Dei, quae de mundo migravit ad Christum. Inter choros virginum floret sicut sol in virtute coelesti. ℣. Gaudent angeli ; exultant archangeli in Maria virgine.	7. Hodierna die migravit a corpore. 86. Putandum pro tantae virginis exaltatione et gloria, quod exultatio sit in supernis, cuius nimirum festivitas omnium supernorum civium est gratulatio.

℟. Super salutem ... ℣. Valde eam nobis oportet venerari.	81. Possitis et matrem eius debite venerari.
Ant. Exaltata es, sancta Dei genitrix, super choros angelorum, ad coelestia regna.	97. Non immerito creditur hodierna die exaltata et clarificata. – 43. Super choros angelorum exaltata devotissima hodie praedicatur (*cf.* 86).
Ant. Maria virgo assumpta est ad aethereum thalamum, in quo rex regum stellato sedet solio.	7. Qualiter assumpta est. – 45. Ad aethereum pervenit thalamum. – 39. Mater et virgo processit atque in regni solio sublimata resedit.
Ant. In odore unguentorum tuorum currimus ; adolescentulae dilexerunt te nimis.	100. Propterea acsi adolescentulae diligite animo.
Ant. Benedicta filia tu a Domino, quia per te fructum vitae communicavimus.	70. Benedicta tu ... et benedictus fructus ventris tui ..., de cuius utero credentibus fructus vitae effulsit.
Ant. Pulchra es et decora, terribilis ut castrorum acies ordinata.	47. Pulchra ut luna, electa ut sol, terribilis ut castrorum acies ordinata.
Ant. in evang. Quae est ista, quae ascendit sicut aurora consurgens, pulchra ut luna, electa ut sol, terribilis ut castrorum acies ordinata ?	47. Quae est ista quae ascendit, inquit, quasi aurora consurgens, pulchra ut luna, electa ut sol, terribilis ut castrorum acies ordinata ?
Ant. Hodie Maria virgo coelos ascendit, gaudete, quia cum Christo regnat in aeternum.	23. Hodie namque gloriosa semper virgo caelos ascendit, rogo, gaudete, quia ... cum Christo regnat in aeternum.
Ant. Unguentum effusum est nomen tuum, Dei genitrix, et recte diligunt te.	100. Unguentum enim exinanitum est nomen eius. Propterea acsi adolescentulae diligite animo, quod pro vobis effusum est.
Ant. Hortus conclusus es, sancta Dei genitrix, hortus conclusus, fons signatus.	52. Hortus conclusus, fons signatus.
Ant. Viderunt illa filiae Sion et beatissimam praedicaverunt.	91. Super choros angelorum elevata, iam beatissima praedicatur.
Ant. Iam hiems transiit, imber abiit et recessit. Surge amica mea, et veni.	57. Iam enim hiems abiit et recessit.
Ant. Adiuro vos, filiae Ierusalem, si inveniretis dilectum meum, quia amore langueo.	82. Quaeso, si quae sunt vobis viscera pietatis, considerate quo cruciabatur amore.
Ant. Maria exultavit in spiritu.	85. B. virgo, quamvis iam in spiritu esset.
In Nativitate s. Mariae	
℟. Beatissimae virginis Mariae nativitatem devotissime celebremus.	38. Festivitatem gloriosae semper virginis Mariae devotissime celebremus.

℟. Gloriosae virginis Mariae ortum dignissime recolentes, cuius Dominus humilitatem respiciens …

℟. Nativitas tua … Ex te enim ortus est sol iustitiae, Christus Deus noster. Exsolvens maledictionem, dedit benedictionem, et confundens mortem, donavit nobis vitam sempiternam.

Ant. Nativitas est hodie sanctae Mariae virginis, cuius vita inclita cunctas illustrat ecclesias.

Ant. Corde et animo Christo canamus gloriam, in his sacris solemniis (in hac sacra solemnitate) praecelsae genitricis Dei Mariae.

Ant. in evang. Nativitatem hodiernam perpetuae virginis Dei genitricis Mariae solemnitatem celebremus, qua celsitudo throni processit.

102 (= 103). Quia respexit, inquti, humilitatem ancillae suae.

47. Ipse eam elegit sol iustitiae.

33. Quicquid maledictionis infusum est per Evam, totum abstulit benedictio Mariae.

105. Cuius (Mariae) mores instituta sunt ecclesiarum.

35. In hac sacra sollemnitate genitricis Dei Mariae nolite cessare a laudibus.

39. Haec est, inquam, dies, in qua ad throni celsitudinem intemerata mater et virgo processit.

Nihil obstat
Friburgi Helv., die 23 novembris 1961
G. G. Meersseman
P. Künzle

Imprimatur
Friburgi Helv., die 8 decembris 1962
R. Pittet, vic. gen.